내 인생에 힘이 되어준
따뜻한 말

내 인생에 힘이 되어준 따뜻한 말

다시, 오늘을 살아갈 당신에게

이선경 지음

최근 심리학이 대중화되면서 각종 미디어나 SNS를 통해 심리학적인 내용을 자주 만나볼 수 있게 되었습니다. 예전보다 손쉽게 우리의 마음을 위로받을 수 있고, 동기 부여를 받을 수 있다는 점에서는 아주 반가운 상황입니다.

그러나 그 콘텐츠들을 가만히 들여다보면 내용의 대부분이 '스킬'에 국한되어 있습니다. 예를 들어, '아픈 내 마음을 달래주는 5가지 방법', '성공하기 위해 꼭 해야 할 8가지 습관', '스트레스에서 벗어나는 7가지 전략', '자존감을 높여주는 6가지 마인드셋' 등이 그런 것들입니다.

빙산의 일각이라는 말이 있습니다. 물 위로 드러나 있는 부분은 극히 일부분이고, 물 밑에 상상할 수도 없이 큰 덩어리가 숨겨져 있다는 뜻이죠. 우리 삶에서 스킬은 빙산의 일각입니다. 가끔은 자기 자신도 종잡을 수 없는 복잡하고 거대한 마음속을 SNS에 나오는 몇 가지 심리 스킬들로만 해결하려고 한다면, 진정으로 원하는 바를 제대로 얻지도 못한 채 겉도는 느낌만 받게 됩니다.

내 마음을 위로하고 용기와 자존감을 회복하여 건강하고 행복한 삶을 향해 나아가고 싶다면 물 밑에 숨겨진 덩어리를 마주할 줄 알아야 합니다. 그래서 현재 삶에 대한 관점을 바꾸고 통찰을 일깨우는 '태도(Attitude)'가 필요한 것입니다.

이 책에는 우리가 일상에서 맞닥뜨리는 53가지의 장면들과 그 장면들을 지혜롭게 바라보도록 도와주는 태도의 한마디가 담겨 있습니다. 1장에서는 열심히 살아온 것 같은데 외롭고 공허하기만 한 내 마음의 체력을 길러주는 한마디, 2장에서는 이 길이 맞을까 매일 불안하고 두려운 나에게 단단한 마음의 중심이 되어주는 한마디, 3장에서는 무너진 자존감을 높여주는 위로와 용기의 한마디, 4장에서는 온전히 내 삶에 집중하고 나아갈 수 있게 하는 한마디, 5장에서는 같은 일상을 다르게 바라보며 인생을 행복으로 물들일 수 있는 한마디로 구성되어 있습니다. 이를 통해 오늘 하루 더 행복하게, 소중한 내일을 더 지혜롭게 살아갈 수 있습니다.

처음부터 순서대로 읽지 않아도 됩니다. 지금 나의 상황에 맞는 장면이나 관심이 있는 장면을 먼저 찾아서 읽어도 됩니다. 또한, 열린 마음으로 저와 함께 산책하며 대화를 나눈다고 생각하면서 읽어 나가면 더욱 좋습니다. 그렇게 산책을 다 마친 후에는 어떤 마음의 변화가 생겼는지, 새롭게 생긴 관점이나 태도는 무엇인지 확인해보시길 바랍니다.

매사추세츠 의과대학 명예교수이자 마음챙김 명상의 창시자인 존 카밧진은 이런 말을 했습니다.

"당신은 파도를 막을 수는 없지만 파도 타는 법을 배울 수는 있다."

이 책이 인생의 파도를 지나는 여러분에게 지혜와 용기를 가져다주고, 마침내 마음에 위안이 쌓여 통찰과 성장의 열매를 맺는 데 도움이 되길 간절히 소망합니다.

이선경

차례

살아가다 보면 내가 바라는 모습은 점점 멀어지는 것 같고,
주변에 행복이라곤 찾아볼 수 없는 절망적인 상태에 놓일 때가 있습니다.
이럴 때는 억지로 행복을 찾아 붙잡으려고 하지 마세요.
지치고 힘든 내 마음을 먼저 돌봐주세요.
그렇게 마음의 사계절을 잘 보냈을 때
봄이 오듯 반드시 우리에게 행복한 순간이 찾아옵니다.

1장

◆

마음의 체력을 길러주는
한마디

마음의 사계절을 겪어내는 연습

감정은 일시적인 현상입니다.
격하게 튀어나오는 감정도 마찬가지입니다.
그냥 내버려두면 알아서 사그라듭니다.
_ 라라 E. 필딩

살아가다 보면 큰소리로 화를 낼 때도 있고, 통곡하며 울 때도 있습니다. 온몸이 부들부들 떨릴 때도 있고, 넋을 놓고 멍하니 상실감에 빠질 때도 있습니다. 기쁨의 눈물을 흘리기도 하고, 허탈함에 웃음을 짓기도 합니다. 그래서 선조들은 희노애락애오욕(喜怒哀樂愛惡慾), 기쁨, 노여움, 슬픔, 즐거움, 사랑, 미움, 욕심이 우리 삶 속에 있다고 했습니다. 하루하루 살아가는 순간마다 이 일곱 빛깔 감정들이 나에게 찾아옵니다. 그렇게 우리는 춥기도 하고 따뜻하기도 한 마음의 사계절을 겪으면서 한 뼘씩 성장해 나갑니다.

우리를 찾아오는 감정들은 노크도 없이 마음의 문을 벌컥 열고 들어옵니다. 우리가 잠을 자는 시간에도 꿈을 통해 찾아옵니다. 그래서 우리는 감정으로부터 완전히 자유로울 수 없습니다. 또한, 원하는 감정은 잡아두려고 할수록 어느새 손틈 사이로 빠져나가 버리고, 원하지 않는 감정은 밀어내려고 할수록 더욱 마음의 중심에서 나를 집어삼킵니다.

이렇듯 감정은 억지로 통제하려고 하면 할수록 부작용이 더욱 크게 발생합니다. 그래서 감정이 크게 요동칠 때에는 어떻게 해야 할지 몰라서 당황할 수 있습니다. 그때 라라 E. 필딩의 말을 떠올려본다면 도움을 받을 수 있습니다. 감정은 일시적인 현상이며 그냥 내버려두면 알아서 사그라듭니다.

머릿속으로 초등학교를 하나 떠올려보겠습니다. 하루 중에 수백 명도 넘는 사람들이 이 초등학교에 들어오고 나갑니다. 열심히 공부하는 학생, 친구들과 함께 수다 떠는 학생, 복도에 몰래 침을 뱉는 학생, 큰 소리로 욕을 하는 학생 등 모두

가 다른 학생들입니다. 하교 시간이 되면 모든 학생이 교문 밖으로 나가고 학교는 텅 비어버립니다.

이제 이 초등학교가 내 마음이라고 생각해봅시다. 우리 마음에는 기쁘고, 사랑스럽고, 행복한 감정도 찾아오지만 슬프고, 불안하고, 화나는 감정도 찾아옵니다. 내가 원하든 원하지 않든 우리 마음에 언제나 찾아오는 감정들을 이제는 그대로 내버려두세요. 걱정할 필요가 없습니다. 우리가 감정들을 통제하려고 노력하지 않아도 시간이 지나면 모두 사라질 일시적인 것들이기 때문입니다. 아무리 요동친다 한들 반드시 내 마음에서 사라지게 되어 있습니다. 마치 하교 시간 이후의 조용한 학교처럼 말이죠.

살아가다 보면 마음이 아프고 힘들어서 아무것도 할 수 없을 때가 있습니다. 그럴 때는 아무것도 하지 않아도 괜찮습니다. 괜찮아지려고 노력하지 않아도 됩니다. 그냥 그대로 있어 보세요. 그리고 나라는 존재를 가만히 느껴보세요. 그러다 보면 어느새 새로운 나의 모습을 만나게 될 겁니다.

서로 기대어 살아가는 것이 삶

가지고 있는 어떤 재주든 사용하라.
노래를 가장 잘하는 새들만 지저귀면
숲은 너무도 적막할 것이다.

_ 헨리 반 다이크

사람들 사이에 있어도 외롭고 공허한 마음이 들 때가 있습니다. 똑같이 살아온 것 같은데 다들 나보다 앞서 나가는 것 같고, 내 모습을 다른 사람과 비교했을 때 한없이 부족한 것만 같습니다. 왁자지껄 모임을 마치고 집에 돌아오면 조용한 적막이 흐르고, 세상에 혼자 있는 것 같은 기분이 됩니다. 억지로 TV를 켜서 적막을 깨보려 하지만 내 마음은 이미 외로움 속에 있습니다.

이럴 땐 사람이라는 존재에 대해 생각해보는 것이 도움이 됩니다. 사람을 표현하는 한자어 '사람인(人)'은 사람과 사람이 서로 마주 기대어 있는 모습에서 유래되었습니다. 사람은 이 세상에서 혼자 살아갈 수 없는 존재라는 것을 의미하는 것이기도 합니다. 이처럼 우리는 가족, 친구, 사회라는 공동체 안에서 끊임없이 서로 도와가며 살아가야 하는 존재입니다.

이 세상을 가장 극적으로 변화시키는 주인공은 사람입니다. 단 한 명의 힘으로는 어려운 일도, 두 명이나 세 명이 모여 함께 힘을 합치게 되면 그 이상의 효과를 얻을 수 있습니다. 이것을 '시너지 효과'라고도 하는데, 1+1=2가 아닌 3 이상이 되는 것을 의미합니다.

합창을 떠올려보면 이해하기가 쉽습니다. 소프라노, 알토, 테너, 베이스 등 각자 고유의 음색이 모여 하나가 되면 아주 웅장하고 아름다운 화음이 쌓이는 것과 같죠. 세상을 살아가는 것은 합창과 같습니다. 서로 다른 목소리에 기대어 하나의 거대한 울림을 완성하는 것입니다. 헨리 반 다이크의 말처럼 노래를 가장 잘 부르는 소프라노 새들만 지저귄다면, 다양한 목소리로 만들어지는 합창의 의미는 퇴색될 것입니다.

세상에는 나보다 나은 사람들이 왜 이렇게 많은지 모르겠습니다. 그러면서 내가 얼마나 아름다운 목소리를 가졌는지에 집중하기보다는, 나는 왜 저런 목소리를 가지지 못했는지에 집중하게 되고 마음이 괴로워집니다. 우리는 모든 것을 다 잘할 수 없습니다. 그리고 모든 것을 다 잘할 필요도 없습니다.

100명의 합창단원이 있으면 독창을 하는 사람은 몇 명 없습니다. 그 사람의 목소리가 돋보이기 위해서는 다른 사람의 작은 목소리가 필요합니다. 때때로 내가 독창을 부르는 사람이 아니라는 것에 실망할 수 있습니다. 그러나 언젠가는 사람들이 나를 위해서 작은 목소리의 합창단원이 되어주는 날이 반드시 옵니다.

그리고 100명의 합창단원 중에서 나만을 바라보고 있는 사람이 반드시 있다는 사실을 기억해야 합니다. 나의 부모, 나의 친구, 나의 동료들은 소프라노가 고운 목소리를 내는 시간에도 오로지 나를 바라봐주는 사람들입니다. 그들이 나에게 그렇게 해주듯이 나도 그들에게 그렇게 해주며 사람(人)으로서 서로 기대어 살아가보는 겁니다.

마음에 여유를 더하는 요령

행복하게 여행하려면
가볍게 여행해야 한다.

_ 생텍쥐페리

여행을 떠날 때 사람마다 서로 다른 모습으로 준비를 합니다.
어떤 사람은 출발 몇 시간 전까지도 한가롭게 보내다가 가까
스로 대충 짐을 싸기도 하고, 어떤 사람은 여행 며칠 전부터
계획을 떠올리며 혹시나 가져가면 유용할 물품을 새로 구매
하기도 합니다. 사실 조금 빠듯하게 준비를 해도 괜찮고, 조금
여유 있게 준비를 해도 괜찮습니다. 적당하게 선을 지킨다면
말이죠. 그렇다면 생텍쥐페리는 대충 짐을 싸는 사람이어서
이런 말을 남긴 것일까요?

그는 행복하게 여행하려면 가볍게 여행해야 한다고 말합니다. 이 말은 짐을 얼마나 싸느냐에 대한 내용이 아닙니다. 바로 마음가짐에 관한 내용입니다. 큰 의미나 기대감 없이 여행길에 오른 사람은 얻어올 수 있는 행복을 놓치게 됩니다. 반대로 빈틈없이 많은 것을 기대하고 가는 사람은 기대만큼 행복을 담아오지 못하게 됩니다. 생텍쥐페리가 말하는 가벼움은 적당함입니다. 적당한 마음가짐으로 떠나는 여행에서 비로소 부족하지도, 넘치지도 않는 행복을 잘 담아올 수 있게 되는 것입니다.

이 여행을 우리 인생이라고 생각해볼까요? 우리의 인생은 한 번뿐인 가장 중요한 여행입니다. 가볍다 못해 기본적인 준비도 없이 시간 가는 대로 살아가는 사람을 보고 우리는 인생을 '낭비한다'고 말합니다. 반대로 자기가 세운 삶의 목표나 커리어를 달성하기 위해 고군분투하며 늦은 시간까지 공부나 업무에 매진하는 사람을 보고 우리는 '독하다'고 합니다.

인생을 낭비하는 사람은 어떤 것에 가치를 두고 살아갈 것인지, 나에게 있어 행복은 무엇인지, 지금 가고 있는 그 길이 진정 자신이 원하는 방향이 맞는지와 같은 생각을 하지 않기 때문에 더 큰 행복을 놓칩니다. 반대로 목표를 향해 전력으로 달려가는 사람은 길가에 피어 있는 작은 민들레를 보지 못하고, 어떤 것을 먹어도 음식의 맛을 온전히 느끼지 못하며, 친구들의 고민에도 진심으로 귀 기울이지 못합니다.

우리의 삶은 아름다운 올레길을 거니는 가벼운 트레킹이 되어야 합니다. 하루하루 가벼운 목표를 세우면 반드시 달성할 수 있습니다. 성취감과 자신감을 얻고 마음이 여유로워져서 주변에 관심을 기울일 수 있습니다. 계절이 바뀌면서 달라지는 바람과 온도, 작은 꽃송이의 아름다움, 친구와의 진정한 소통, 삶의 의미와 기쁨으로 내 삶을 채울 수 있습니다.

오늘 하루는 어떠셨나요? 삶이 버겁거나 너무 답답하게 느껴진다면, 적당한 무게를 찾아보세요. 그렇게 여행을 떠나면 나를 기다리고 있는 행복을 맞닥뜨리게 될 거에요. 행복은 언제나 우리 주변에서 우리를 기다리고 있습니다.

놓아줄수록 다가오는 행복

낙원의 파랑새는
자신을 잡으려 하지 않는 사람에게 날아와 앉는다.

_ 존 배리

다큐멘터리 사진작가들이 긴 시간 동안 숲속에서 숨죽이며 다양한 동물들을 촬영하다 보면, 어느새 자연의 일부가 되어 동물들과 교감하게 됩니다. 작은 다람쥐는 사진작가의 카메라 위에 올라와서 춤을 추기도 하고, 새들은 사진작가의 어깨나 머리 위에 살포시 내려앉아 잠시 쉬다가 제 갈 길을 가기도 합니다. 사진작가들은 이런 순간이 찾아올 때 최고의 행복을 느낀다고 합니다.

행복은 따뜻한 봄날에 떨어지는 벚꽃과도 같습니다. 아름다운 벚꽃 비가 내리면 꼬마들은 떨어지는 꽃잎을 잡기 위해 열심히 손을 저어봅니다. 쉽게 손에 들어오는 벚꽃은 거의 없습니다. 행복도 그러합니다. 행복을 쟁취하려고 노력하면 할수록 정작 내 손에 쥐어지는 것은 텅 빈 공허함뿐일 수 있습니다.

존 배리는 작곡가이자 음악감독이었습니다. 그가 작업한 가장 유명한 곡은 영화 '007 시리즈'의 제임스 본드 테마입니다. 그에게 있어서 행복이자 낙원의 파랑새는 주어진 작품에 딱 맞는 음악이었을 것입니다. '007 시리즈'와 그가 만든 OST 모두 큰 성공을 거두면서 더할 나위 없는 행복을 누렸겠지만 한편으로 다음 작업에 대한 부담감도 컸을 것입니다.

다행히 존 배리는 행복을 좇는 사람이 아니라 행복이 다가오도록 하는 지혜로운 사람이었습니다. 자신의 일상을 돌보고, 영감과 통찰을 믿으며, 작곡의 부담감에서 해방되려고 노력했습니다. 평온한 시간 속에서 파랑새가 스스로 자신을 찾아오도록 했습니다. 이러한 삶의 태도로 그는 말년까지 약

80여 편의 영화 OST를 작업했습니다.

살아가다 보면 내가 바라는 이상적인 모습은 점점 멀어지는 것 같고, 주변에 행복이라곤 찾아볼 수 없는 절망적인 상태에 놓일 때가 있습니다. 그럴 때는 억지로 행복을 찾아 붙잡으려고 하지 마세요. 다시 계절이 바뀌고 봄이 오듯 반드시 우리에게 행복한 순간은 찾아옵니다. 지치고 힘든 내 모습을 보았을 때는 가만히 멈춰 서서 자신을 믿고 돌봐주세요. 그럼 어느새 낙원의 파랑새가 나에게 먼저 날아와 아름다운 새소리를 들려줄 거예요.

인생에 방황을 겪고 있을 때

우리는 모두 초대장도 없이
지구에 온 방문객이다.
_ 알베르트 아인슈타인

누구도 자발적으로 태어난 사람은 없습니다. 모두가 태어난 후에 걷고, 말하고, 배우면서 자라기 때문에 삶의 목표 또한 성장 과정에서 만들어지는 결실이라고 볼 수 있습니다. 어른이 되었어도 아직 삶의 목표가 뚜렷하지 않거나 방황하며 갈피를 잡지 못하는 것은 충분히 일어날 수 있는 일입니다.

만약 우리가 삶의 목표를 알고 태어났다고 해도 그 목표를 달성하는 데 큰 어려움을 겪었을 것입니다. 하물며 실제로 우리는 태어나서 학생으로 십여 년을 보내고, 어른들의 요구에 따라 적당한 목표를 적어내는 삶을 살아가기 때문에, 단번에 자신만의 목표와 가치를 확립하고 방황 없이 완만히 인생을 여행한다는 것은 꿈만 같은 일입니다.

어른이 되어서도 여전히 방황하고 있다는 이유로 자신을 자책하지 마세요. 아인슈타인도, 세상의 수많은 인생 멘토들도 우리의 삶은 그럴 수밖에 없다고 이야기합니다. 아직 방황해도 괜찮습니다. 그렇지만 단 하나이자 한 번뿐인 이 삶은 행복했으면 좋겠습니다. 모든 것을 다 잘할 수는 없습니다. 그렇지만 작은 성취 경험들을 쌓아가며 자신감을 가졌으면 좋겠습니다. 화가 나는 일에는 화를 내도 괜찮습니다. 그렇지만 훌훌 털어버리고 내일은 내일의 삶을 살았으면 좋겠습니다. 펑펑 울어도 괜찮습니다. 그렇지만 흘린 눈물이 헛되지 않게 다시 힘찬 발걸음을 내디디면 좋겠습니다.

결국 우리는 각자의 방식대로 이 삶을 해석해야 합니다. 인생에서 방황할 때 필요한 전제조건이 있습니다. 그것은 바로 길을 찾고자 하는 마음입니다. 길을 찾지 않으면 방황하지도 않습니다. 그러니 방황하는 시간이 고통스럽고 힘들더라도, 그 끝은 결국 내가 바라는 목적지에 도달할 것이라는 믿음으로 한 걸음씩 내디뎌보는 게 어떨까요?

기억해야 할 것은 나는 이 세상에 단 한 사람뿐이라는 것입니다. 그 누구도 나일 수 없습니다. 과거에도, 미래에도 나는 중복되지 않습니다. 우리는 대체 불가능한 고귀한 존재입니다. 우리는 모두 비자발적으로 지구에 온 방문객이지만, 동시에 각자 삶의 주인입니다. 바라고 원하는 대로 반드시 이루어질 겁니다.

내 마음의 그릇에 비하면 아주 작은 슬픔

골프공 하나를 평범한 유리컵에 넣었다고 상상해봅시다. 제법 묵직한 골프공이 컵 안을 빙빙 돌아다닙니다. 무게가 쏠리기라도 하면 유리컵이 금세 기웁니다. 이제 이 골프공을 1리터짜리 물통으로 옮겨봅시다. 처음에는 소리를 내며 바닥을 이리저리 돌아다니지만, 금방 그 존재감은 시들해집니다. 마지막으로 골프공을 대형 생수통에 넣어봅시다. 골프공은 작은 물건에 불과합니다.

우리의 슬픔은 이 골프공과 같습니다. 우리 마음에 이 슬픔이 처음 들어왔을 때는 감당하기 버겁습니다. 그러나 시간이 지나면서 우리는 성장하기 때문에 슬픔을 담을 수 있는 그릇이 커집니다. 그러면 어느새 나를 괴롭히던 슬픔이 마음속 어디에 있는지 잊고 살아가게 됩니다.

오래전 우리를 아프게 했던 사건을 떠올려보세요. 그 슬픔이 오늘 하루를 살아가는 데 큰 영향을 주었나요? 물론 그 당시에는 나를 크게 흔들어놓았던 사건이지만, 지금은 아닐 겁니다. 마음의 그릇이 커져서 그렇습니다.

로이스 톤킨도 이런 관점에서 우리의 슬픔과 성장을 언급하고 있습니다. 슬픔이 줄어드는 것이 아니라 우리가 성장하고 있다는 것이죠. 심리학에는 자기실현경향성(Actualization tendency)이라는 용어가 있습니다. 사람은 태어나는 순간부터 거대한 잠재력과 가능성을 타고났으며, 여러 가지 고통이나 방해 요인에도 불구하고 성장한다는 특성을 말합니다. 마치 작은 묘목이 결국에는 거대한 아름드리나무가 되는 것처럼 말입니다.

자기실현경향성은 사람을 가리지 않습니다. 누구나 태어나면서부터 가지고 있는 특성으로 봅니다. 최근에 어려운 상황 속에서도 끝까지 포기하지 않았던 경험이 있다면 떠올려 보세요. 누구나 그런 힘을 가지고 있습니다. 이 힘을 발휘하기 위해서는 스스로 할 수 있다고 믿는 것이 중요합니다.

다윗 왕은 반지에 '이 또한 지나가리라'라는 문구를 새겼다고 하죠. 지금 겪고 있는 고통을 바라보세요. 세월이 지난 뒤 그 고통은 내 마음의 그릇에 비하면 아주 작은 것에 불과할 것입니다. 나무뿌리의 영양분이 가지 끝까지 도달하려면 바람이 불어서 가지가 많이 흔들려야 한다고 합니다. 우리도 흔들림을 통해 더욱 멋진 사람으로 성장한다는 사실을 잊지 마세요.

행복으로 걸어가는 힘

행복의 한쪽 문이 닫히면 다른 쪽 문이 열린다.
그러나 우리는 이미 오랫동안 닫힌 문을 봐왔기 때문에
우리를 위해 열려 있는 다른 문을 보지 못한다.

_ 헬렌 켈러

헬렌 켈러는 태어난 지 2년도 채 되지 않아서 뇌척수막염으로 목숨을 잃을 뻔합니다. 다행히 죽지는 않았지만, 그 후유증으로 시력과 청력을 잃어 빛도, 소리도 없는 세상에 갇혀버립니다. 볼 수도 없고, 들을 수도 없고, 말할 수도 없는 절망 속에서 살아가던 헬렌 켈러는 다른 방식으로 세상을 보고 듣는 방법을 깨우쳤습니다. 발성법을 훈련하여 5개국어에 능통했으며 시청각 장애인 최초로 대학교를 졸업한 뒤로는 차별받고 억압받는 사람들을 위해 일했습니다. 그녀의 삶이 사람들에게 희망을 주었고, 이후 장애인 복지와 사회인식 개선에 큰 영향을 끼쳤습니다.

그녀의 과거를 돌이켜보면 행복의 문은 결코 열리지 않는 단단한 벽과 같아 보입니다. 하지만 그녀는 희망으로, 노력으로 다른 쪽 문을 열고 세상으로 나갔습니다.

심리학에는 학습된 무기력(Learned helplessness)이라는 말이 있습니다. 피하거나 극복하기 어려운 환경 속에 반복적으로 노출되면 실제로 극복할 수 있는 일도 단념하거나 포기하게 되는 것을 의미합니다. 예를 들어, 자기 몸길이의 최대 100배까지 뛰어오를 수 있는 벼룩을 작은 유리병에 넣어놓으면, 처음에는 계속 뛰지만 자꾸 실패하면서 점점 무기력해지고 나중에는 병뚜껑을 열어줘도 벗어나지 못합니다. 우리가 닫혀 있는 행복의 문만 바라보는 이유는 자신의 한계를 규정짓고, 능력이 생겨도 벗어날 수 없다는 무기력을 학습했기 때문입니다.

좋은 기회를 놓쳤을 때 '역시 나는 안돼'라는 생각에서 벗어나지 못한다면, 다음번에 잡을 수 있는 기회가 찾아와도 시도조차 하지 않게 됩니다. 이런 무기력은 학창 시절 열심히 공부해도 꾸중만 늘어놓는 부모님으로부터, 최선을 다해 업무를 해냈지만 꼬투리를 잡고 무시하는 상사로부터 그리고 가장 중요하게는 이런 경험들로 인해 단념하고 포기하는 것을 실천한 나로부터 시작됩니다. 시도하지 않는다면 좌절은 없겠지만 새로운 기회를 잡을 수도 없습니다. 완전한 어둠 속에서 빛의 문을 연 헬렌 켈러처럼 한 번 더 힘을 내보는 겁니다.

반드시 자신의 때가 온다

먼저 핀 꽃은 먼저 진다.
남보다 먼저 공을 세우려고 조급히 서두를 것이 아니다.

_ 홍자성

홍자성은 명나라 말기의 문인입니다. 그가 청렴한 생활과 인
격수양을 바탕으로 집필한 명언집 『채근담』은 오늘날까지도
그 지혜를 전하며 많은 이에게 사랑받고 있습니다. '풀뿌리를
씹는 이야기'라는 뜻의 채근담은, 먹을 것이 없어서 풀뿌리를
씹는 어려운 처지에서도 세상을 포기하지 말고 살아가라는 응
원의 의미를 담고 있습니다.

'먼저 핀 꽃이 먼저 진다'는 문장을 읽으면 저는 매미가 우는 장면이 떠오릅니다. 여름에 먼저 나온 매미가 맴맴 하고 울 때면 '너무 일찍 나온 것 아닐까?' 하는 생각이 들고, 초가을 무렵 늦게 나온 매미가 맴맴 하고 울 때면 '너무 늦게 나온 것 아닐까?' 하는 생각이 들곤 합니다. 어쩌면 이 매미들은 너무 조급했거나 너무 늑장을 부리는 바람에 제 짝을 찾는 것이 더 어려울지도 모르겠습니다. 그러나 자연에는 순리가 있어서 이 매미들은 계절의 시작과 끝을 알리는 역할을 하기 위해 큰 소리로 운 것은 아닐까 하는 생각도 해봅니다.

'어떤 이는 25세에 CEO가 되어 50세에 죽고, 어떤 이는 50세에 CEO가 되어 90세에 죽는다', '버락 오바마는 55세에 은퇴했고, 도널드 트럼프는 70세에 시작했다'라는 말이 있습니다. 우리가 살아가는 동안 각자 자신의 때가 있다는 것입니다. 홍자성이 말하는 바도 이와 같습니다. 많은 사람이 자신이 주위 사람들보다 뒤처지고 있다고 생각합니다. 하지만 우리는 각자의 시간과 방식에 따라 긴 인생을 살아가면서 적절한 때를 기다리고 있는 것입니다.

최근 결혼을 앞둔 사람으로부터 이런 이야기를 들었습니다.

"나는 지난 세월 동안의 연애가 실패였다고 생각했는데, 결혼을 결심한 사람을 만나고 보니 그 시간이 모두 이 사람을 가장 적절한 때에 만나려고 나를 준비시키는 과정이었다는 것을 깨달았어."

이 이야기를 들으면서 어린 시절 어른들이 '연애를 여러 번 해보는 것도 필요해'라든가 '아픈 연애를 해보는 것도 중요하지'라고 말한 이유를 조금 더 이해할 수 있었습니다.

봄에 피는 벚꽃이 겨울에 피는 동백꽃보다 더 나은 것은 아닙니다. 중요한 것은 우리 자신의 색깔과 향기가 무엇인지 잘 알고, 가장 적절한 때에 활짝 꽃피우는 것입니다. 그러니 너무 조급해하지 마세요. 반드시 자신의 때가 올 것이기 때문입니다.

화를 마주 보기 전에 해야 할 일

화가 났을 때는 행동이나 말을 하기 전에 열을 세라.
몹시 화가 났을 때는 백을 세라.

_ 레프 톨스토이

수 세기에 걸쳐서 사람들에게 지혜를 전하고 있는 현인들은
화가 난 사람에 대해서 이렇게 표현했습니다. '바보(피에트로 아
레티노), '마음속이 비어 있다(다키자와 바킨)', '쓸모없는 가시와
같다(토마스 애덤스)'. 화가 났을 때 대처법으로는 '이성으로 억
제하라(율곡 이이)', '아무것도 하지 말라(세네카)', '언젠가는 모두
죽는다는 사실을 떠올려라(마르쿠스 아우렐리우스)'와 같은 말을
남겼습니다. 어떻게 화를 다스릴 것인가는 까마득한 옛날이
든 21세기인 지금이든 중요한 문제인 것입니다.

그중 화가 나면 일단 눈을 감고, 입을 닫고, 기다리라는 조언이 참 많았습니다. 톨스토이도 작은 화에는 열을 세고 큰 화에는 백을 세라는 말을 남길 정도였으니 화가 나는 장면을 피하는 것이 얼마나 좋은 방법인지 다시금 되새겨봅니다. 순식간에 치밀어 오르는 화는 제어하기 어렵습니다. 우리가 이기기 어려운 존재입니다. 그러므로 일단 화로부터, 화를 유발하는 상황으로부터 멀어지는 것도 좋은 방법입니다.

방송과 강연으로 잘 알려진 최유나 이혼 전문변호사는 결혼의 조건으로 '잘 싸우는 것'을 제시했습니다. 수천 명의 갈등과 화해, 이별을 지켜보면서 잘 싸우는 것이 얼마나 중요한지를 깨달았다고 말합니다. 잘 싸우는 법에는 잠시 화장실에 가는 것, 물을 한잔 마시는 것, 심호흡하는 것이 빠지지 않고 등장합니다. 화가 나려고 할 때 다른 행동으로 쉼표를 찍어주는 것입니다. 화를 다루는 여러 가지 방법이 있지만, 일단 화로부터 멀어지는 것이 시작점이라는 것을 꼭 기억해주세요.

최근에 크게 화나는 일을 겪었다면 가슴이 답답해서 잠도 못 이룰 수 있습니다. 지금도 많은 사람이 걷잡을 수 없는 화로부터 비롯한 신체적·정신적 어려움을 호소하고 있습니다. 화는 마음의 그릇을 상하게 합니다. 힘든 마음을 안고 당장에 화를 해결하려고 하지 않아도 됩니다. 먼저 멀리 떨어지기 위해 음악도 듣고, 영화도 보고, 등산이나 산책도 하면서 나만의 안전한 피난처에서 쉬어주세요. 화를 마주 보고 앉는 일은 그다음에 해도 됩니다.

머리가 아닌 가슴을 먼저 돌봐야 하는 이유

화는 내는 순간 사라진다.

화는 참을 때 더 커진다.

_ 에밀리 디킨슨

피할 수 없는 일이 눈앞에 닥치면 열이 잔뜩 오르곤 합니다. 스스로 기대치에 미치지 못했을 때도 화가 나지만, 특히 인간 관계가 그 원인인 경우가 많습니다. 가족, 연인, 친구, 직장동료 등 다양한 사람들과 관계를 맺다 보면 갈등은 불가피합니다.

화가 나는 것은 사람으로서 당연한 일입니다. 심지어 호흡이 가빠지고, 심장이 쿵쿵거리며, 몸이 부들부들 떨릴 만큼

화가 많이 나는 것도, 그럴 만한 이유가 있다면 자연스러운 생리-정신적 현상입니다. 화가 나면 화를 내야 합니다. 그렇지만 우리는 화를 참으라는 소리를 더 많이 듣습니다. 무작정 화를 참는 것은 나를 망가뜨립니다. 바깥으로 발산하지 못한 화는 내면에 쌓여서 불안이나 우울을 유발하기도 합니다. 따라서 내 마음도, 다른 사람의 마음도 다치지 않으면서 화를 잘 내는 방법을 아는 것이 중요합니다.

정신과 의사나 상담심리사들은 'DSM, 정신 질환 진단 및 통계편람'이라는 책을 공부합니다. 우리가 흔히 말하는 우울증, 공황장애, 강박증과 같은 정신 장애를 진단할 때 기준이 되는 책인데, 1994년부터 2013년까지 발행했던 DSM-4판에는 한국의 고유한 문화로 발생하는 특이한 정신 질환으로 화병(Hwa-byung)을 인정하고 등재했었습니다. 다른 나라와는 달리 우리나라에서는 화를 과도하게 참아야 하는 문화가 있었던 것입니다. 화병이 나면 우울, 불면, 식욕 저하, 피로감, 호흡곤란, 공포감, 통증 등이 동반될 수 있습니다. 그렇기 때문에 더더욱 화를 잘 내는 방법을 알아야 합니다.

먼저 머리(이성)가 아닌 가슴(감성)을 돌봐야 합니다. 화는 천천히 찾아오는 것이 아니라 갑자기 치밀어 오르는 것이기 때문입니다. 화가 나면 일단 입을 굳게 닫는 것이 좋습니다. 주워 담을 수 없는 비난의 말을 내뱉는 것보다 침묵을 지키는 것이 현명합니다. 또 심호흡하거나 물을 한잔 마시는 등 상황을 환기하는 것이 좋습니다. 감정이 나를 지배하는 상태에서는 논리적이고 합리적인 대화를 할 수 없기 때문입니다. 감정은 뜨거운 주전자 같아서 끓을 때까지는 3분이 걸리지만 식을 때까지는 2-30분이 걸립니다. 그렇게 감정이 식고 난 다음에 생각을 시작해야 더 나은 결론에 도달할 수 있습니다.

화는 무작정 참아야 하는 것이 아닙니다. 똑같은 행동을 하더라도 실수가 되지 않는 곳에서 하면 괜찮습니다. 운동장 트랙을 마구 달리거나, 노래방에 가서 목이 쉴 정도로 소리를 지르거나, 물건이 부서지지 않게 침대나 베개를 마구 내리치는 것도 괜찮은 화풀이입니다. 화를 너무 담아두지 마세요. 잘 해소하려고 노력해보세요. 그것이 나와 다른 사람을 해치는 도구가 될 수 있으니까요.

시련에 맞서기 위한 마음가짐

강을 거슬러 헤엄치는 자가 강물의 세기를 안다.

_ 우드로 윌슨

여름날, 잔잔한 강물 위에 배를 하나 띄우고 누워 있다고 상상해보세요. 따스한 햇볕에 두 눈을 감고 새가 지저귀는 소리에 귀 기울이다 보면, 강물의 흐름에 따라 어느새 새로운 곳에 다다르곤 합니다. 잔잔한 강물 위에 떠 있으면 우리가 어디로 향하고 있는지 잘 깨닫지 못하기도 하죠.

반대로 물살이 거친 계곡을 거슬러 건너고 있다고 상상해보세요. 겨우 종아리까지 잠길 정도의 깊이인데 물살은 몸이 휘청거릴 정도로 거세게 지나갑니다. 몸을 더욱 낮추고 중심을 잃지 않도록 두 다리에 힘을 주고 서면, 세차게 지나가는 물살을 온전히 느낄 수 있습니다. 물살을 가르고 걸어 나가면 결국에는 내가 목표한 지점을 향해 나아갈 수 있습니다.

세상은 강물의 물살과 같습니다. 어떤 날은 너무 잔잔해서 온종일 심심합니다. TV를 보거나 컴퓨터를 해도 재미가 없고, 잠도 많이 자서 더는 졸리지도 않는 그런 날이죠. 반대로 어떤 날은 아침부터 새로운 일이 생기고, 온갖 기괴하고 난감한 사건들이 나에게 휘몰아쳐서 감당하기 벅찰 때가 있습니다. 그렇게 우리 삶에는 다양한 물살이 찾아옵니다. 중요한 것은 우리가 그 물살을 잘 받아들이는 법을 터득하는 과정입니다.

그러니 인생의 시련이 너무 거세다면, 그만큼 내가 거친 물살을 헤치고 목표한 곳으로 나아가기 위해 노력하고 있다고 해석하면 됩니다.

우리가 신에게 용기를 달라고 청하면, 신은 우리가 용기를 낼 수 있도록 어려움을 준다고 합니다. 또 우리가 신에게 지혜를 달라고 청하면, 신은 우리가 지혜를 발휘할 수 있도록 난관에 봉착하게 한다고 합니다. 세상의 시련이 거센 이유는 우리가 가지고 있는 역량을 발휘해서 더 큰 그릇이 되고, 더 성숙한 열매를 맺게 하기 위함일지도 모르겠습니다.

꼭 모든 시련을 정면으로 돌파할 필요는 없습니다. 강물을 거슬러 오르다 물살이 너무 거세면, 잠시 멈춰 서서 기다리거나 다른 길을 찾아보는 것도 현명한 방법입니다. 그렇게 목적지에 다다르는 순간, 그동안의 시련이 멋진 노력의 과정으로 바뀌는 것입니다. 그리고 그런 일을 할 수 있는 사람은 바로 나 자신뿐입니다.

화살을 멀리 쏘고 싶다면 온 힘을 다해 활시위를 당겨야 합니다. 멋진 결실을 보기 위해 오늘도 큰 시련을 겪어낸 나를 위로하고 격려해주세요. 그렇게 내일을 향해 또 힘차게 걸어가보세요.

우리는 지금까지 살아오면서

많은 실수를 해왔고 앞으로도 하게 될 것입니다.

중요한 것은 이런 내 모습을 어떻게 바라볼 것인가입니다.

자신을 괴롭히는 생각과 말이 아닌

자신에게 관대하고 따뜻한 생각과 말이 필요합니다.

시들어가는 식물도 정성스럽게 가꿔주면 다시 아름다운 꽃을 피웁니다.

우리도 자신에게 사랑의 손길을 내밀어야 합니다.

그럼 반드시 아름다운 꽃을 피울 것입니다.

2장

◆

불안하고 두려울 때
중심이 되어주는 한마디

완벽하지 않기에 채울 수 있다

다른 누군가가 되어서 사랑받기보다는
있는 그대로의 나로서 미움받는 것이 낫다.
_ 커트 코베인

우리는 태어날 때부터 순위를 달고 태어납니다. 쌍둥이라 할
지라도 한 명은 평생 첫째로, 나머지 한 명은 평생 둘째로 살
아갑니다. 또, 누군가는 태어날 때부터 더 좋은 경제력, 더 좋
은 부모, 더 좋은 체력, 더 좋은 위치, 더 좋은 외모를 가지고
태어나며, 다른 누군가는 상대적으로 불리한 조건에서 태어납
니다. 그래서 우리는 여러 기준에서 서로 다른 조건을 부여받
아 자신만의 출발점에서 삶을 시작합니다.

살아가다 보면 이런 조건들이 눈에 밟힐 때가 있습니다. 특히 부족한 부분 때문에 속상한 마음이 들 수 있습니다. '내가 조금만 더 키가 컸더라면', '내가 조금만 더 머리가 좋았더라면', '내가 조금만 더 돈이 많았더라면' 하는 생각이 꼬리를 뭅니다. 그럴 때마다 우리는 지금의 내가 아닌 다른 누군가가 되었으면 좋겠다는 상상을 합니다. 주변에 더 잘생기고 예쁜 사람, 더 부유한 사람, 더 똑똑한 사람을 떠올리게 됩니다. 그 사람들을 부러워하고 질투하다가 결국엔 자신의 처지를 비관하며 우울과 불안함에 휩싸이게 되죠.

시기하고 질투하는 마음은 사람이라면 누구나 가지고 있습니다. 그 마음이 커져서 잘못된 행동으로 이어지지만 않는다면, 특별히 거부하거나 죄책감을 가질 필요가 없습니다. 우리는 과거에도, 현재에도, 미래에도 나보다 더 잘난 사람의 뒷모습을 바라볼 수밖에 없습니다. 세상에는 다양한 기준이 있는데 어느 한 기준에서 최고를 달성했다 하더라도, 다른 기준에서는 최고가 되기 어렵기 때문입니다.

흔히 드라마나 영화에서 이미 부와 명예를 가진 사람이 권력까지 욕심내는 모습을 떠올려보면 쉽게 이해할 수 있습니다. 신이 아닌 사람으로 태어난 이상 모든 것을 다 충족시키기는 어렵습니다. 그래서 우리 앞에는 언제나 더 잘난 사람의 뒷모습이 보이는 것입니다. 그 사람을 따라잡았다고 해도, 다시 내 앞에 또 다른 사람의 뒷모습이 나타납니다. 이런 현상은 지극히 당연한 이치입니다. 그러니 지금 가지지 못한 것에 집중하며 자신을 자책할 필요가 없습니다. 다만 이런 현상을 바라보는 시야만 조금 바꿔보면 됩니다.

마라톤을 할 때 오랫동안 페이스를 유지하며 달리기 위해서는 앞에 자신을 이끌어줄 사람을 두는 것이 유리합니다. 반면 선두를 달리는 사람은 뒷사람이 언제 자신을 따라잡을지 몰라 내내 노심초사하며 어려운 경기를 치르게 됩니다.

베스트셀러 『미움받을 용기』에서는 삶을 잘 살아가려면 '선천적으로 우리에게 무엇이 주어졌는가'가 아니라 '우리에게 주어진 것을 어떻게 활용할 것인가'에 집중하라고 이야기합니다. 나보다 앞선 사람이 분명히 존재할 수밖에 없는 삶이라면, 그 사실을 인정하고 수용하면서 나를 움직이게 하는 동력으로 사용하는 것이 현명한 방법일 것입니다.

우리는 완벽할 수 없는 존재입니다. 그러므로 다른 누군가가 되기 위해 가면을 쓰는 것보다 불완전한 나를 인정하는 것이 오히려 완벽함에 다가가는 방법이 됩니다. 커트 코베인의 말처럼 다른 사람이 되기보다 나로 살아가는 것, 그로 인해 미움받을 수 있음에도 나 자신을 스스로 사랑해주는 것이야말로 우리가 지금 해야 할 일입니다.

선택의 갈림길에서 필요한 것

친구의 충고는 신중하게 받아들여야 한다.
옳건 그르건, 자기 생각을 포기하고
친구의 충고를 따라서는 안 된다.

_ 피에르 샤롱

우리는 매일 선택을 하며 살아갑니다. '오늘 점심은 뭐 먹지?'
와 같은 작은 고민부터 '이 사람과 결혼해도 괜찮을까?', '지금
이 주택을 구매하는 게 맞을까?', '은퇴 후에는 무엇을 하며 살
아가야 할까?'와 같은 중대한 일까지 삶을 살아가면서 수만 번
의 선택을 합니다. 그러면서 가끔은 혼자 선택하기 어려울 때
주변의 친구들에게 고민을 털어놓고 조언이나 충고를 구하기
도 하죠.

그때 친구들의 대답을 참고해서 자기 생각을 정리하고 최종 선택을 하면 참 좋겠지만, 대부분은 중요한 선택임에도 깊게 생각하는 것을 귀찮게 여기거나 친구의 가벼운 조언에 전적으로 동의해버려서 나중에 크게 후회하는 경우가 많습니다.

특히 사람은 선택해야 하는 내용이 무겁고 중요할수록 더욱 쉽게 결정을 내리고자 하는 심리적 특징이 있는데, 이를 인지적 구두쇠 효과(Cognitive miser)라고 합니다. 예를 들어, 지난 몇 년간 열심히 일해서 모은 큰돈을 친구의 말만 듣고 잘 알지 못하는 기업의 주식을 사는 데 쓰거나 처음 들어보는 이름의 코인에 투자하는 경우가 여기에 해당합니다.

인지적 구두쇠 효과는 마음이 약해져 누군가에게 기대고 싶을 때에도 잘못 작용되기 쉽습니다. A라는 사람이 삶이 우울하고 무기력하다고 고민을 털어놓자, 친구가 이렇게 이야기해줍니다.

"그럴 때는 오히려 더 아무것도 하지 말고 푹 쉬는 게 좋아, 나도 한두 달 정도 그렇게 쉬고 나니 다시 힘이 나더라고."

그래서 A는 정말 한두 달 정도 계속 누워만 있었는데, 시간이 지날수록 힘이 나기는커녕 고립감이 심해졌습니다. 마음이 공허하고, 외로워졌으며, 자존감은 바닥을 쳤습니다. 삶에 대한 의욕도 사라져 어느 날에는 최악의 생각까지 했습니다. A에게는 당장은 힘이 들어도 하루에 30분씩 따사로운 햇살을 맞으며 산책을 하는 것이 더 좋은 방법이 아니었을까 싶습니다.

주변 사람들로부터 조언이나 충고를 구하는 것은 좋은 일입니다. 그러나 그 충고를 무조건적으로 수용하는 것은 위험한 일입니다. 자신의 소중한 삶을 다른 사람의 말 한마디에 맡겨버리는 일이기 때문입니다. 그래서 중요한 선택일수록 주변의 조언과 충고를 천천히 곱씹어보고 자기 생각을 더욱 명료히 하는 시간이 필요합니다.

사람은 신이 아니어서 매 순간 올바른 선택을 할 수 없습니다. 모든 선택에는 반드시 기회비용이 발생하고, 가끔은 내가 한 선택의 대가가 너무 커서 후회가 밀려올 때도 있습니다. 이러한 현상은 누구에게나 발생하는 아주 보편적인 일입니다. 그래서 자신의 선택을 후회하며 불평하는 데 시간을 쓰기보다는, 그것을 교훈 삼아 다음에 현명한 선택을 하자고 마음먹는 것이 바람직합니다.

오늘은 어떤 선택을 하셨나요? 아쉬운 선택이 있었어도 괜찮습니다. 그게 우리의 삶이니까요.

내 삶의 주인으로 사는 법

성공을 위해서는 이기적일 필요가 있다.
그렇지 않고서는 어떤 것도 성취할 수 없다.

_마이클 조던

"나, 너무 이기적인 것 같아."

이 말 속에는 이타심이 숨어 있습니다. 스스로를 이기적인 사람으로 평가하는 것 자체가 자신의 이기심이 타인에게 좋지 않은 영향을 줄까봐 염려하는 신호로 해석할 수 있기 때문입니다. 또한, 자신의 모습을 객관적으로 바라보고 관찰하는 것은 행동을 건설적이고 이타적인 방향으로 수정할 수 있는 계기입니다. 따라서 만약 자신을 이기적이라고 생각한다면, 그런 생각 자체가 이타성에 기반하고 있다는 사실을 기억하면 좋습니다.

마이클 조던은 성공을 위해 이기적일 필요가 있다고 합니다. 사실 심리학에서도 어느 정도의 이기심은 허용하는데, '이기심의 이타성 효과'가 바로 그렇습니다. 자신을 중심에 두고 이기심을 발휘하는 것이 긍정적인 생각과 행동을 위한 것이라면, 그 낙수 효과로 타인에게도 건설적이고 긍정적인 영향을 준다는 것입니다. 다른 사람들보다 더 많은 땀을 흘리며 노력한 마이클 조던이 우리에게 동기를 부여하는 것처럼요.

국내 IT 사업 발전에 이바지를 한 어느 대기업의 임원은 인터뷰에서 "사회생활을 하면서 관계에 치중하기보다 자신을 발전시키는 데 더욱 에너지를 썼다"라고 말했습니다. 물론 이기심의 정도를 판단할 때는 장소나 상황, 맥락에 따라 다양한 해석을 해야 하지만 자기 자신이 없는 이타주의는 알맹이가 없는 껍질에 불과합니다.

삶의 주인공은 반드시 자신이어야 합니다. 이기적인 생각과 마음을 무조건적으로 배척해서는 안 됩니다. 객관적인 시각으로 타인에게 해를 주는지 확인하고, 건강한 방식으로 이기심을 충족시키는 것이 자기 자신과 타인에게 더욱 좋은 방식입니다.

하루를 충실하게,
인생이 달라지는 태도

이 세상에 위대한 사람은 없다.
단지 평범한 사람들이 일어나 맞서는 위대한 도전이 있을 뿐이다.

_ 윌리엄 프레더릭 홀시 주니어

윌리엄 프레더릭 홀시 주니어는 제1차 세계대전과 제2차 세계대전을 모두 겪은 미 해군 제독입니다. 해군의 함대사령관을 제독이라고 하는데 역대 단 4명의 사람만이 제독 계급에 올랐습니다. 그는 1904년부터 1947년까지 수차례의 전쟁에 참여했고 죽음의 위험 속에서도 자신의 역할을 성실히 수행하여 군인으로서 큰 명예를 얻었습니다. 타임지에서도 다룰 만큼 유명했던 그는 자신을 위대한 사람으로 여기지 않았습니다. 그의 말처럼 '이 세상에는 평범한 사람들의 위대한 도전만

이 있을 뿐'이라는 태도로 살아갔습니다.

최근에 유행하는 말이 있습니다. 바로 '나는 특별하지 않아'입니다. 자칫 스스로를 깎아내리는 말처럼 들릴 수 있으나 그 속뜻은 '자신을 특별한 사람이라고 몰아붙이지 않아도 괜찮다, 위대한 성취를 이루거나 높은 목표를 반드시 달성하지 않아도 괜찮다'입니다. 완벽을 요구하는 이 시대에는 평범한 사람의 평범한 하루도 충분히 괜찮다는 수용적인 말이 우리에게 조금 더 필요한 말이 아닐까 싶습니다.

심리학에는 세 가지 종류의 자기 개념이 불일치하면 고통을 느낀다는 '자기 불일치 이론(Self-discrepancy theory)'이 있습니다. 첫 번째 '실제적 자기(Actual self)'는 진짜 내 모습을, 두 번째 '이상적 자기(Ideal self)'는 내가 바라는 내 모습을, 세 번째 '당위적 자기(Ought self)'는 내가 해야만 하는 내 모습을 말합니다. 예를 들어, '전교 1등이 되고 싶다'라는 생각은 이상적 자기이고, '전교 1등이 되어야만 해'라는 생각은 당위적 자기가 됩니다. 실제적 자기와 이상적 자기가 불일치하면 우울, 슬픔, 낙담과 같은 정서를 경험하게 되고, 실제적 자기와 당위적 자기가 불일치하면 불안, 죄책감, 스트레스 같은 정서를 경험하게 됩니다.

만약 우리가 자신을 특별하다고 생각한다면, 자기 개념이 불일치해서 생기는 정서적 고통을 감당해야 합니다. 이를테면 반에서 중간 등수인 친구가 '나는 특별한 사람이기 때문에 다음 시험에서 전교 1등을 해야지'라고 생각하는 것과 같습니다. 오히려 특별한 사람이라는 생각 때문에 열심히 공부하지 않을 확률도 높습니다.

보다 건강하고 안정적으로 목표를 달성하기 위해서는 '나는 평범하지만 얼마든지 위대한 도전을 할 수 있다. 나는 전교 1등도 될 수 있다. 그러나 위대한 도전을 위해서는 계획을 세우고 차근차근 실행해 나가는 과정이 필요하다'라고 생각하는 편이 효과적입니다. 이런 관점은 위대한 도전을 행할 힘을 줍니다. 우리는 특별하지 않습니다. 그러나 우리는 위대한 도전에 얼마든지 맞설 수 있습니다. 위대한 도전을 위해 평범한 하루를 충실히 살아가는 것부터 시작해보세요.

장점을 드러낼 때
기회가 찾아온다

자신의 능력을 감추지 마라.
그늘 속의 해시계가 무슨 소용이랴.
_ 벤저민 프랭클린

정신적 문제를 다루는 심리학자들이 많이 사용하는 치료적 접
근 중 하나로 인지 치료가 있습니다. 마음의 감기라고 부르는
우울 증상이나 방송에 자주 등장하는 공황 증상 등 대표적인
정신 문제에 효과적입니다. 인지 치료는 내담자를 고통스럽
게 만드는 합리적이지 못한 생각을 상담을 통해 같이 발견해
주고, 건강하고 합리적인 생각으로 바꿔주는 방식입니다. 미
국에서는 1960년대부터 이 접근 방법을 채택하여 꽤 오랜 시
간 동안 치료적 사례를 쌓아왔고 잘못된 생각들의 대표적인

예시들도 데이터화 할 수 있었습니다. 인지 치료에서 잘못된 생각으로 정의하고 있는 것들 중에는 '자신을 과소평가하는 것'이 있습니다.

특히 우리나라는 예로부터 겸손을 강조하는 사회문화가 자리 잡고 있습니다. 자신의 능력을 자랑하거나 드러내면 거만하다고 혼이 나기도 하죠. 그래서 시대가 변하고 다양성이 존중받는 문화가 됐을지라도 여전히 자신의 장점을 언급할 때 부끄러워하는 사람들이 많습니다. 벤저민 프랭클린은 그런 사람들을 '그늘 속의 해시계'로 표현했습니다.

자신을 과소평가하는 사람들은 성공적으로 일을 해냈을 때 그 원인을 외부로 돌립니다. 이를테면 시험에서 100점을 맞았을 때 '시험이 쉬웠네'라고 생각하는 것이죠. 반대로 문제가 생기거나 목표 달성에 실패했을 때에는 '내가 부족했네'라고 생각하며 그 원인을 내부로 돌립니다. 이러한 생각의 방식은 행복한 삶과 점점 거리가 멀어지게 합니다.

현대 심리학자 앤젤라 더크워스는 성취에 있어서 재능이

중요한지, 노력이 중요한지를 연구하였고 마침내 한 줄의 공식을 도출해냈습니다. 바로 [성취 = 재능 × 노력]입니다. 재능보다 중요한 것은 노력이라는 것, 크나큰 성취를 달성하기 위해서는 자신의 재능을 발견하고 드러내는 것도 중요하다는 것을 말해줍니다.

스스로에게 어떤 능력이 있는지 생각해보고, 그 능력을 과소평가하고 있지는 않았는지 살펴보는 시간을 가져봅시다. 그리고 당당하게 자신감 있게 나의 장점들을 널리 드러내봅시다. 그것이 계기가 되어 새로운 기회가 생길 수 있습니다.

내가 나에게 하는 말이 가장 중요하다

힘담은 세 사람을 죽인다.
말하는 자, 힘담의 대상자, 듣는 자.
_ 미드라시

종종 사람들과 이야기하다 보면 그 자리에 없는 사람 이야기를 하게 될 때가 있습니다. 단순히 그 사람에 대한 이야기라면 괜찮지만 그것이 힘담이 되는 경우가 많습니다. 힘담을 하면 은연중에 모두가 불쾌한 경험을 하게 됩니다. 말하는 사람은 불쾌한 경험을 떠올리며 부정적 분위기에 휩싸이고, 듣는 사람도 찝찝한 마음으로 맞장구를 쳐줍니다. 힘담의 대상자역시 기분 나빠 할 일입니다. 결국 모두에게 유익한 일이 아니지요.

그런데 이렇게 다른 사람을 험담하는 것보다 더 위험한 것이 있습니다. 바로 자기 자신에게 부정적인 말을 되뇌는 것입니다. 자신에게 부정적인 말을 되뇔 때는 그 말을 총 네 번 듣게 된다고 합니다. 말을 하기 전에 생각하면서 한 번, 입 밖으로 말하면서 한 번, 내뱉은 말이 다시 귀로 들어오면서 한 번, 귀로 들어온 말을 뇌가 처리하면서 한 번, 총 네 번입니다.

어떤 사람이 실수로 물컵을 엎질렀다고 상상해봅시다. 그 사람이 자신도 모르게 '이럴 줄 알았다. 내가 그렇지 뭐'라고 부정적인 혼잣말을 내뱉었다면, 그 이야기는 총 네 번에 걸쳐서 스스로에게 영향을 준 것입니다. 다른 사람의 말을 별로 듣고 싶지 않다면 한 귀로 듣고 한 귀로 흘려버리면 되지만 자신에게 되뇌는 혼잣말은 말하는 주체도, 듣는 주체도 자신이 되기 때문에 한 귀로 흘려보내지 못합니다.

험담이 세 사람을 한 번씩 죽이는 꼴이라면 스스로에 대한 비난이나 자책은 자기 자신을 네 번 죽이는 꼴입니다. 이런 관점을 통해 우리는 평소에 습관처럼 되뇌는 부정적인 생각이나 말이 없는지 살펴봐야 합니다.

심리학에는 인지적 융합(Cognitive fusion)이라는 용어가 있습니다. 우리가 입으로 내뱉는 말로 인해서 생각이 현실화된다는 의미로, 위의 예시에 적용해보면 '이럴 줄 알았어, 내가 그렇지 뭐'라고 말함과 동시에 생각(Think)은 현실(Fact)이 되고 자기 자신(Self)이 됩니다. 부정적인 말을 되뇔수록 그 많은 비난과 자책이 현실이 되고 자기 자신의 모습이 되는 것입니다.

우리는 부족하고 불완전한 존재입니다. 지금까지 살아오면서 많은 실수를 해왔고 앞으로도 하게 될 것입니다. 중요한 것은 이런 내 모습을 어떻게 바라보느냐입니다. 자신을 괴롭히는 생각과 말이 아닌 자신에게 관대하고 따뜻한 생각과 말이 필요합니다. 시들어가는 식물도 물을 주고 정성스럽게 가꿔주면 다시 아름다운 꽃을 피웁니다. 우리도 자신에게 희망의 물을 주고 사랑의 손길을 내밀어야 합니다. 그럼 반드시 아름다운 꽃을 피울 것입니다.

완벽하지 않은 나라도 좋다

자신을 경멸하는 사람은,
경멸하는 자신을 존중하는 것이다.

_ 프리드리히 니체

'신은 죽었다'라는 말로 유명한 니체가 살았던 당시 독일에서
는 사람들이 종교적으로나 문화적으로나 유토피아를 지향하
는 성향이 강했습니다. 그러다 보니 실제 삶의 터전인 현실에
서는 지향점과의 괴리감 때문에 목적과 방향을 잃고 깊은 무
기력에 빠져버리는 사람들이 많았습니다. 그리하여 니체는
지금, 이 순간을 충실히 살지 않고 이상적인 세계만 좇는 사람
들에게 경종을 울리기 위해 '신은 죽었으니 다시 현실 세계로
돌아오라'고 이야기합니다. 니체가 죽은 지 100년이 더 지난

오늘날, 사람들은 그가 의도한 것처럼 현실에 충실하며 살아가고 있을까요? 안타깝게도 여전히 많은 사람이 현실과 이상 사이에서 괴리감을 극복하지 못한 채 무기력함과 허망함을 느끼며 살아가고 있습니다.

특히 우리나라 사람들은 포기한 것 때문에 자괴감을 많이 느낍니다. 자괴감은 자신의 무능력함이나 한심함 때문에 생기는 부끄러운 마음인데, N포세대라는 신조어와 함께 많이 언급됐습니다. N포세대는 N가지를 포기하는 사람들을 의미합니다. 처음에는 3포(연애, 결혼, 출산을 포기)로 시작하더니 5포(3포+내 집 마련, 인간관계)를 지나 이제는 7포(5포+꿈, 희망)까지 늘어났습니다. 이렇게 많은 것을 포기하면서 사람들은 심한 자괴감에 시달리게 됩니다.

우리는 시대에 따라 어쩔 수 없이 N포세대가 된 것인데, 이토록 심한 자괴감은 겪어야만 하는 숙명일까요? 사실 그렇지 않습니다. 7포의 내용을 가만히 들여다보면 단 한 가지라도 해내기 어려운 대단한 일뿐입니다. 연애, 결혼, 출산을 누가 쉽게 할 수 있을까요? 또, 내 집 마련이나 인간관계도 삶에서 가장 어려운 과제들입니다. 꿈과 희망이라는 단어는 하늘의 별처럼 너무 거대하고 찬란해서 우리가 다가가지 못할 것 같습니다.

고개를 들어 주위를 살펴보면 이 불가능해 보이는 것들에 닿기 위해 노력하는 사람들로 가득합니다. 우리라고 못 할 것은 없습니다. 7포세대라고 우리 스스로 규정짓고 있을 뿐입니다. 정말 그것들을 포기해야 하는지는 새로운 관점에서 생각해볼 필요가 있습니다.

한 교수가 학생들에게 '사람이 지구를 들 수 있느냐?'는 질문을 합니다. 모든 학생이 사람은 지구를 들 수 없다는 것을 논리적으로 설명하였는데, 이때 한 사람이 물구나무를 서며 지금 지구를 들었다고 대답합니다. 자괴감은 현실 세계가 우리에게 주는 숙명이 아니라, 우리의 생각과 마음이 만들어낸 허상입니다. 먼저 이것을 인정해야 합니다.

우리가 자괴감을 느낄 때는 두 가지 전제가 있습니다. 하나는 자신을 무능력하고 한심하게 바라보는 생각이고, 다른 하나는 이 생각을 바라보는 자신의 부끄러운 마음입니다. 만약 우리가 이 조건을 거꾸로 뒤집어 자신을 잠재력이 있고 가능성이 충만한 사람으로 생각하는 당당한 마음을 갖는다면 자괴감에서 벗어날 것입니다. 존재하지 않는 유토피아만을 좇기보다, 지금 이 순간 현실에서 내가 할 수 있는 것에 집중한다면 우리는 변할 수 있습니다.

꿈꾸는 것을 주저하는 나에게

생각이 인생의 소금이라면
꿈은 인생의 사탕이다.
꿈이 없다면 인생은 쓰다.
_ 바톤 리튼

한 뉴스의 문화초대석에 출연한 이효리 씨에게 앵커가 이렇게
질문했습니다.

"유명하지만 조용히 살고 싶고, 조용히 살지만 잊히기는
싫다. 어떤 뜻인지는 알겠는데 가능하지는 않은 이야기 아닌
가요?"

만약 이런 질문을 제가 받았다면 그 자리에서 말 그대로

말문이 턱 막혔을 것 같습니다. 그러나 이효리 씨는 담담하면서도 명료한 어투로 이렇게 대답합니다.

"가능한 것만 꿈꿀 수 있는 건 아니잖아요."

그녀의 현명한 대답에 앵커도 고개를 끄덕였습니다.

제가 어렸을 적에는 또래의 많은 친구가 대통령이나 우주비행사를 꿈꿨습니다. 지금 생각해보면 철없는 꿈일지라도 그때는 진심으로 대통령이나 우주비행사가 된 나의 모습을 그려보곤 했습니다. 하지만 고등학생이 된 뒤에는 무엇이 되겠다는 꿈보다는 원하는 대학에 가고 싶다는 일념으로 공부하는 친구들이 많아졌습니다.

그렇게 시간이 흘러 사회구성원이 되면서 모두 하루하루 바쁘게 살아가고 있습니다. 그만큼 꿈에 대한 생각도 현실적으로 변했습니다. 내 집 마련이나 승진, 사업 성공을 희망합니다. 대통령을 꿈꾸던 아이는 이제 더 이상 존재하지 않습니다. 여러분은 어떤가요? 아직 꿈을 꾸고 있나요? 아니면 이미 늦었다고 생각하나요?

'꿈'이라는 단어는 세 가지 뜻이 있습니다. 우리가 잠잘 때 꾸는 꿈, 실현하고 싶은 희망과 이상 그리고 '실현될 가능성이 아주 적거나 전혀 없는 헛된 기대나 생각'이라는 뜻도 있습니다. 지금의 현실을 바라보면 세 번째 뜻이 가장 가깝지 않을까 하는 생각도 듭니다. 그렇다면 꿈이라는 것은 정말 이루기 어려운 것일까요?

저는 꿈을 주제로 강의할 때 태양에 대한 비유로 시작합니다. 첫 번째, 매일 하늘에 떠올라 우리를 밝게 비춰주며 새로운 하루를 힘차게 살아갈 수 있도록 희망과 에너지를 나누어주는 면이 닮았습니다. 두 번째, 지구에서 약 1억 5천만 킬로미터나 떨어져 있어 걸어가면 4000년이나 걸리기 때문에 닿을 수 없다고 생각하는 점도 닮았습니다. 마지막으로, 비행기를 타고 가면 19년이면 도달하기 때문에 어쩌면 완전히 불가능한 거리도 아니라는 점입니다.

그러니 1억 5천만 킬로미터만큼 멀리 떨어진 것이어도,

불가능에 가깝다고 하더라도, 여건이 안되거나, 나이가 많거나, 지금 삶에 만족한다고 하더라도 꿈꾸는 것을 주저하지 마세요. 꿈을 꾸지 않으면 매일 아침 떠오르는 태양이 없는 삶이 되어버리기 때문입니다.

꼭 꿈에 도달하고 꿈을 이루어야만 하는 건 아닙니다. 그저 저 멀리 있는 꿈이 나의 지친 하루에 제법 따사로운 햇살이 되어줄 수 있도록, 나른한 주말 오후를 더욱 포근히 감싸줄 수 있도록, 하늘을 한번 바라보고 다시 당찬 발걸음을 옮길 수 있도록 해주세요.

비교하는 마음에 사로잡혔을 때

누군가 한숨을 지으며
삶이 너무 힘들다고 말하면
나는 항상 물어보고 싶어진다.
"무엇과 비교해서?"

_ 시드니 해리스

한 포털사이트에서 20대를 대상으로 자존감 실태조사를 한 적이 있었습니다. 그 결과, 전체의 약 40%가량이 스스로 자존감이 낮다고 생각하며, 가장 자존감이 낮아지는 순간으로는 '행복해 보이는 지인의 SNS를 볼 때'라는 응답이 가장 많았습니다. 이러한 결과가 우리에게 말해주는 것은 무엇일까요?

우리나라는 전 세계에서 두 번째로 SNS를 많이 이용하는 나라입니다. 즉, 다른 나라에 비해 더 많은 사람이, 더 빈번

하게 자존감이 낮아지는 순간에 노출된다는 뜻입니다. SNS를 둘러보면 대부분 행복한 모습이나 자랑거리들이 가득합니다. 그러니 우리는 하루에도 수십 번씩 행복해 보이는 지인의 SNS를 볼 수밖에 없습니다. 중요한 것은 행복한 모습은 아무런 잘못이 없다는 점입니다. 지인의 행복한 모습과 자신의 행복하지 못한 처지를 비교하는 마음을 바꾸고, SNS를 하면서도 자존감을 지킬 수 있는 방법에 대해 배워야 합니다.

2024년 세계행복보고서에 따르면, 우리나라 사람들의 행복지수는 OECD 37개국 중 33위로 최하위권에 해당합니다. 살기 좋지 않은 나라여서 행복지수가 낮은 것보다는, 비교하는 문화 속에서 살기 때문에 행복지수가 낮은 것입니다. 서울이든 지방이든 지역을 구분할 것 없이, 아파트나 주택가에는 SKY 대학 합격보장을 외치는 과외 전단지가 붙어 있습니다. 초등학교 때부터 상위 1%에 들고자 노력하고, 공부가 성공의 지름길이라 생각하는 성적 만능주의 성향이 강합니다.

그렇지만 뚜렷한 목표와 자기성찰이 없는 성공은 행복할 수 없습니다. 실제로 제가 국내외 최고대학의 석박사로만 구성된 연구소에서 일했던 동안에 성적이 결코 행복을 보장하지 않는다는 것을 몸소 체험하기도 했습니다. 사람으로서 똑같은 고민을 안고 살아가며, 자신의 처우보다 더 좋은 사람들과 비교하며 불행해하기도 합니다. 채용연구 일을 하면서 누구나 부러워하는 대규모 기관의 면접을 진행한 적도 있는데, 지원자들은 모두 초롱초롱한 눈으로 직원들을 바라보지만, 정작 직원들은 피로에 찌든 채 여러 가지 고민에 시달립니다.

자신보다 상황이 좋은 사람들과 비교하는 상향비교는 꿈과 목표를 향해 나아가는 데 큰 자극제가 됩니다. 그렇지만 행복을 보장하지는 않습니다. 행복하기 위해서는 전략적인 하향비교가 필요합니다. 꿈과 희망, 목표는 높은 곳에 두되, 비교는 나보다 더 상황이 좋지 않은 사람들과 하는 것입니다. 그를 통해 지금 나의 처지, 내게 주어진 것에 감사하는 태도로 목표를 향해 나아가는 것입니다. 높은 곳을 향해 나아가면서 나를 든든히 지탱해주는 모든 것에 감사하는 것입니다.

일상에 활력을 불어넣는 마음가짐

인생은 정말 큰 놀이터인데,
우리는 어른이 되어가면서 점점 그것을 잊어버린다.

_ 짐 캐리

매너리즘은 틀에 박힌 방식이나 일정한 태도를 지속하여 신선미나 독창성을 잃는 일을 가리킵니다. 용어의 어원은 미술에서 시작됩니다. 미술계의 양대산맥 르네상스 미술에서 바로크 미술로 넘어가는 사이에 존재했던 과도기적 미술 양식으로, 당시 대가였던 레오나르도 다빈치, 미켈란젤로, 라파엘로의 회화기법을 너도나도 따라 하다 보니, 더는 새롭고 획기적인 작품이 나오지 않게 되었던 것으로부터 유래됩니다. 오늘날에 와서는 현재에 안주하며 더 이상 자신을 바꾸지 않으려는 상태를 가리키는 말로 사용되고 있습니다.

직장에 입사해서 3년 차, 6년 차, 9년 차가 되면 매너리즘에 빠져 슬럼프를 겪는다고들 하죠. 매일 아침 똑같은 버스나 지하철을 타고, 같은 맛을 내는 커피를 한 잔 마시며, 똑같은 사람들과 날씨 얘기를 하면서 하루를 시작하는 일이 몇 년이고 반복된다면, 관성이 생겨서 더는 변화를 추구하지 않게 됩니다. 분명 안정된 삶이지만 무기력함도 섞인 삶을 살아가게 됩니다.

그러나 다른 관점에서 보면 매너리즘은 바로크 미술의 출발점이 됩니다. 바로크 미술은 르네상스 미술의 조화와 균형, 완결성에 대비하여 파격적인 과장, 화려하고 역동적인 일탈 등이 특징입니다. 매너리즘 미술을 극복해낸 것이죠.

매너리즘 미술의 목표는 대가들의 미술 풍을 따라 하는 것이었습니다. 그러니 목표 없이 그저 따라 하기에만 급급했고, 적당한 성취를 이뤄냈을 때 더 이상 나아갈 곳을 찾지 못하고 방황하게 된 것입니다.

우리의 삶도 비슷한 구석이 있습니다. 궁극적인 목표 없이 단순한 직업을 목표로 삼거나 특정 멘토를 따라가기만 한다면 거기에 도달했을 때 반드시 매너리즘에 빠지고 맙니다. 고등학교 때 열심히 공부하다가 대학에 입학한 뒤에 공부에서 손을 떼고 제멋대로 살아가는 모습이 매너리즘을 잘 보여주는 예시입니다.

매너리즘에서 벗어나기 위해서는 삶을 놀이터로 만들어야 합니다. 놀이터에 처음 가본 어린아이처럼 두렵고 조심스럽지만 꿋꿋하게 하나하나 알아보는 호기심이 필요합니다. 그네를 몇 번 건드리다가 잘 타게 되면 미끄럼틀로, 시소로 이동하는 것입니다. 일상에서도 가끔은 매일 마시는 똑같은 커피가 아니라 새로운 음료로 하루를 시작하고, 주말에는 집에서 누워 있기보다는 색다른 경험을 하러 바깥에 나가보는 겁니다. 그렇게 삶을 새로움으로 채우고 활력을 불어넣는 시도를 해보는 것입니다.

학생들을 대상으로 심리검사를 하면 대부분 '보통이다'나 '잘 모르겠다'로 응답합니다. 우리 삶에 보통이고 잘 모르겠는

부분들을 명확하게 만들어갈수록 삶에 활력이 생깁니다. 오늘 하루도 똑같은 일상을 보내셨나요? 지금 내 삶에서 무엇이 애매한가요? 놀이를 하듯이 깊이 알아가보는 것은 어떨까요?

행복의 기준은 나에게 있다

내 신체에 감사하는 것이
자신을 더 사랑하는 열쇠임을 비로소 깨달았다.

_ 오프라 윈프리

요즘 우리 사회를 바라보면 신체에 대한 강박관념이 심각해지고 있습니다. 자신의 외모나 몸매에 불만족을 느끼는 경우가 많아졌고 그로 인한 문제 또한 다양해지고 있습니다. 굶으면서 무리한 운동을 하거나, 음식을 먹고 토하는 신경성 거식증, 살이 찔까봐 다 토해내면서도 다시 음식을 먹는 것으로 고통을 해소하는 폭식증 등은 '신체 질환이 아니라 정신 질환'의 일종입니다. 즉 신체를 바라보는 관점이 문제의 핵심입니다.

신체에 대한 잘못된 인식은 전 세계적으로도 문제시되고 있습니다. 스마트폰으로 사진을 찍을 때만 보더라도 기본 카메라가 아닌 보정 기능이 있는 앱을 사용하여 피부는 뽀얗게, 얼굴은 갸름하게, 몸매는 날씬하게 만들어줍니다. 보정 앱을 사용하지 않으면 자신의 얼굴이나 몸매에 크게 실망하고 불만족스러움을 느낍니다.

라트로브대학 연구팀은 보정 앱을 사용하는 습관이 마른 몸매를 더 이상적으로 생각하게 하며 섭식장애의 위험성을 높인다는 연구 결과를 발표하였습니다. 존스홉킨스대학 연구팀도 사진 보정이 가능한 SNS를 자주 사용하는 사람들이 자신의 신체에 불만족스러움을 느껴 성형수술을 더욱 많이 고려한다는 결과를 발표하였습니다.

외모를 아름답게 가꾸는 것도, 건강을 위해 정기적으로 운동하는 것도 필요합니다. 그렇지만 완벽하게 매끄러운 피부와 모델 같은 몸매여야 한다는 당위적인 생각은 위험합니다. 더욱이 날씬하고 탄탄한 몸매를 가져야만 사람들로부터 인정받고 호감을 얻을 수 있다는 생각도 합리적이지 않습니다.

우리는 평소에 원하든 원하지 않든 각종 매체를 통해 연예인이나 인플루언서들의 멋지고 예쁜 모습을 접하게 됩니다. 그만큼 예전보다 신체에 대한 고민 비중이 더욱 늘어났습니다. 건강한 모습에 대한 동경이 아닌 잘못된 비교와 외모 비하가 바탕이 되어 성형과 심한 다이어트를 감행하기까지 합니다. 이런 사회문화적 영향으로 인해 자신의 신체에 대해 부정적으로 생각하고 고통받고 있다면, 오프라 윈프리의 말처럼 건강한 신체를 가지고 있음에 감사하는 것부터 시작해야 합니다. 그것이 그녀가 모진 세월을 겪으면서 알게 된 자신을 사랑하는 열쇠이기 때문입니다.

심리학에서 행복감은 주관적입니다. 쉽게 말해 행복의 기준은 절대적이지 않고 상대적이라는 것입니다. 마네킹 같은 몸에 나의 몸을 비교하기보다는, 오늘 하루도 건강하게 잘 기능해주고 있는 몸에 감사한다면 더욱 행복해질 수 있습니다.

오늘 하루는 어떤 아픔들이 있었나요?

예상치 못하게 큰 상처가 되는 경험을 했을 수도 있습니다.

지금 해야 할 일은 그저 오늘 하루 나의 마음들을 바라봐주고,

고생한 나를 스스로 따뜻하게 안아주는 것입니다.

그렇게 매일 나의 상처들을 보듬어주면,

다시 새롭게 다가오는 내일을 온전히 살아갈 수 있습니다.

3장

◆

있는 그대로의
나를 사랑해주는 한마디

내일을 향해 나아간다는 것

내일은 인생에서 가장 중요한 것이다.
자정이 되면 내일은 매우 깨끗한 상태로 우리에게 다가온다.
매우 완벽한 모습으로 우리 곁으로 와 우리 손으로 들어온다.

_존 웨인

우리의 삶은 분명 고귀하고 아름다운 것이 맞습니다. 그렇지
만 살아온 날들을 돌이켜보면 곳곳에 굵직한 아픔들이 남아
있습니다. 기억하는 것만으로도 가슴이 미어지고 울분이 차
오르는 아픔들이죠. 특히 가장 가까운 사이인 부모와 자녀 또
는 부부나 연인 사이에서 상처들은 평생 지워지지 않습니다.

이렇게 가슴 아픈 일이 발생하면 우리는 그 순간에 거대
한 감정에 휩싸이게 되어 몸도 마음도 얼어버립니다. 심장이

쿵쾅쿵쾅 뛰고, 입은 바싹 마르고, 손에는 땀이 나고, 배가 아프거나, 근육이 경직되고, 호흡도 가빠집니다. 심리학에서는 이런 변화를 투쟁-도피 반응(Fight-or-flight response) 또는 급성 스트레스 반응(Acute stress reaction)이라고 합니다. 이런 생리-심리적 반응은 그 자리에서 모두 해소하는 것이 어려워 몇 날 며칠을 고생하기도 하고, 더욱 길게 잔상이 남아 오래도록 힘든 시간을 겪기도 합니다. 깊은 상처일수록 일상을 흔들고 쉽게 잊으려야 잊을 수도 없습니다.

하루 24시간은 누구에게나 똑같이 주어지며 하기 나름이라는 말을 많이 들어왔을 것입니다. 그렇지만 인생에 큰 상처가 되는 일이 벌어지면 오늘뿐만 아니라, 내일도, 또 그다음 날도 온전하게 살아가지 못하게 됩니다. 그래서 상처를 못 본 척 피하기보다는 안전한 장소와 따뜻한 사람들 사이에서 나의 상처를 바라보는 시간이 필요합니다. 그렇게 아픈 마음을 인정하고 보살펴주기 시작할 때 비로소 온전한 하루를 보낼 수 있습니다.

오늘 하루는 어떤 아픔들이 있었나요? 작지만 성가신 일들이 있었을 수도 있고, 의외로 큰 아픔이 되는 경험을 했을 수도 있습니다. 어찌 되었건 그렇게 오늘의 공평한 24시간이 지나가고 있으며, 마찬가지로 내일이라는 시간이 째깍째깍 다가오고 있습니다. 지금 우리가 할 일은 그저 오늘 하루 나의 마음들을 바라봐주고, 힘들고 지친 마음도 인정해주고, 고생한 나를 스스로 따뜻하게 꼬옥 안아주는 일입니다.

양팔을 교차시켜 자신을 껴안아보세요. 그리고 크게 숨을 들이쉬었다가 길게 내쉬면서 심호흡을 해주세요. 잠시 눈을 감고 90초만이라도 가슴이 따뜻해지는 것을 느껴보세요. 그리고 나지막이 이야기해주세요. 오늘 하루 너무 수고 많았다고요.

90초는 하루의 0.1%입니다. 이제 매일 0.1%의 시간을 내어 스스로 따뜻하게 위로해주세요. 그렇게 매일 나의 상처들을 보듬어주다 보면, 과거의 시간으로부터 점차 자유로워질 거예요. 그리고 깨끗하게 다가오는 새로운 내일을 더욱 온전하게 살아갈 수 있을 겁니다.

때로는 멈출 수 있는 용기가 필요하다

휴식은 게으름도, 멈춤도 아니다.
휴식을 모르는 사람은
브레이크가 없는 자동차 같아서 위험하기 짝이 없다.
_ 헨리 포드

헬스 용어 중에 3분할이라는 운동 루틴이 있습니다. 신체의
모든 부위를 3등분하여 3일 주기로, 보통 첫째 날은 가슴과
팔, 둘째 날은 등, 셋째 날은 하체를 운동하는 루틴입니다. 매
일 다른 부위를 운동하기 때문에 첫째 날 운동한 부위는 둘째
날과 셋째 날에 휴식을 취하게 됩니다. 1-2시간 운동 이후에
24-48시간의 휴식이 주어지는 셈이죠. 몸의 회복을 위한 휴식
은 선택이 아니라 필수입니다. 손상된 근육 조직이 휴식을 통
해 회복되면서 더 튼튼해지기 때문입니다. 그러므로 휴식이

없는 운동은 노동인 것입니다.

우리의 마음도 똑같습니다. 마음 쓰는 일을 쉬지 않고 오랫동안 지속하면 번아웃이 오게 됩니다. 심리적 소진이 발생하면 만성적인 스트레스에 시달리고 신체적, 정신적 고갈 상태에 이르게 됩니다. 이런 상태로 일을 하고 사람들을 만나면, 자신뿐만 아니라 주변에까지 부정적인 영향을 미치게 됩니다. 그래서 모든 마음 쓰는 일에도 휴식이 필요합니다. 휴식은 게으름도, 멈춤도 아닌 회복이자 성장의 시간입니다.

제가 야근이 없는, 정년이 보장된 안정적인 직장에 다닐 때에는 매일 저녁 충분한 휴식을 보장받으며 여유롭게 시간을 보낼 수 있었습니다. 그러나 퇴사 후 사업을 시작하고 나니 매일 새벽 2, 3시까지 책상 앞에 앉아 있다가, 잠시 눈을 붙이고 다음 날 아침 일찍 출근하는 일상이 계속됐습니다. 6개월 정도는 열정으로 스스로를 몰아붙일 수 있었지만, 그 이후로는 점점 일의 능률이 떨어지는 것을 느낄 수 있었습니다. 내가 정말 좋아하는 일을 하지만 결국 일에는 휴식이 필수라는 것을 깨닫는 시간이었습니다.

내가 한창 쉬고 있을 때는 주변에 열심히 미래를 향해 나아가고 있는 사람들이 보입니다. 그러면 빠르게 변하는 세상에서 나만 도태되어 제자리걸음을 하는 것 같습니다. 이때 필요한 것은 멈출 수 있는 용기입니다. 멈춰야 내 몸과 마음의 상태를 천천히 점검할 수 있고, 보완할 기회가 생깁니다.

잘 멈춘다는 것은 간단히 말하자면, 잠을 잘 때는 잠을 푹 자고 음식을 먹을 때는 음식의 맛과 향에 집중하는 것입니다. 영화를 볼 때는 영화에 빠져드는 것이고, 춤을 출 때는 내 몸의 감각을 온전히 느끼는 것입니다. 제자리걸음하는 것처럼 느껴진다면, 억지로 걷지 말고 멈춰보세요. 그리고 지금 내가 어디에 있는지, 주변에는 무엇이 있는지 차근차근 살펴보세요. 조금 느리게 가더라도 올바른 방향으로 가는 것이 훨씬 중요하니까요. 마음 편히 멈추는 것이 회복이자 성장의 시간입니다.

남에게 좋은 사람보다
나에게 좋은 사람

진정으로 자유로운 사람은
변명하지 않고 식사 초대를 거절할 수 있는 사람이다.
_ 쥘 르나르

쥘 르나르는 1800년대 프랑스 소설가입니다. 부유한 가정에서 자랐기 때문에 일찍이 많은 식사 자리에 초대를 받았는데, 어느 순간에 다다라서는 불필요한 식사 초대를 거절하게 되고, 마침내 자유로움을 경험하게 됩니다. 그가 한 말에는 거절에 대한 분명한 메시지가 들어 있습니다. 바로 우리는 특별한 이유가 없어도 거절을 할 권리를 가지고 있다는 것입니다. 우리나라에는 그렇게 하는 사람은 많지 않습니다. 대신에 그럴 싸한 이유를 잘 만들어내는 사람이 많죠.

우리나라는 관계주의 문화가 특징이어서 타인에게 인정받아 내(內) 집단(특정한 그룹)에 들어가는 것이 중요합니다. 그러다 보니 친구나 동료의 부탁을 쉽게 거절하지 못하게 되는데, 집단에 속하는 것보다 나 자신이 더 중요하다는 사실을 생각한다면 거절도 잘할 줄 알아야 합니다. 거절을 못 해서 사람들의 부탁을 잘 들어주는 사람은 남에게 좋은 사람이 될 수는 있겠지만 나에게 좋은 사람이 될 수는 없습니다. 거절을 잘하기 위해서는 먼저 건강한 개인주의가 필요합니다. 이는 다른 무엇보다 자기 자신을 더 중요하고 소중하게 여기는 자세입니다.

예를 들어, 오늘 해야 하는 일이 가득 찼음에도 불구하고 직장 상사의 요구를 거절하지 못해서 야근 끝에 겨우 결과물을 내놓는 것보다 솔직하게 거절 의사와 이유를 밝혀 업무 일정을 조정하고, 좋은 컨디션으로 완성도 높은 결과물을 내놓는 것이 나와 회사 모두에게 더 나은 일이 됩니다. 과연 이런 조율이 실제로 가능할까 의구심이 들겠지만 매일 산더미 같은 일에 파묻혀 살다가 번아웃에 빠지는 것보다는, 업무도 잘 해내고 나 자신도 지킬 수 있는 길이 무엇인지 생각해보고 용기를 내야 합니다.

　관계에서도 마찬가지입니다. 친구가 어려운 사정을 이야기하며 돈을 빌려달라고 부탁할 때 자기중심적으로 다양한 상황을 살펴볼 필요가 있습니다. 친구가 얼마나 어려운 상황이며 왜 지금 나에게 이런 요청을 하는 것인지, 거절할 수 있는 여지가 있는지, 친구의 상환능력은 어떠한지 등입니다.

　거절하면 관계가 멀어지지 않을까 걱정하지 않아도 됩니다. 만약 친구의 상황에 이입해서 돈을 빌려줬다가 지속적으로 스트레스를 받으며 친구와 다투는 것보다 솔직하게 거절하는 것이 오히려 관계를 지키는 길입니다. 또 부탁을 거절해서 보복받는 것이 두렵다면 그것은 처음부터 부탁이 아니라 일방적인 요구였음을 기억해야 합니다.

　어찌 되었건 거절하는 것은 정말 어렵습니다. 그러나 자기 자신을 망가뜨려가며 타인을 돕는 것은 희생도, 이타심도 아닙니다. 만약 치과의사의 이가 잔뜩 썩어 있다면 누가 그 사람에게 치료를 받고 싶어 할까요? 자기 자신을 가장 아끼고 돌봐야 하는 이유가 바로 여기에 있습니다. 자기 자신의 몸과 마음이 건강한 상태에서 타인을 도와야 그 희생과 이타심의 가치가 높아지는 것입니다.

그래서 자신을 지키기 위해 하는 단호한 거절은 더 나은 나를 만들고, 더 나은 세상을 만드는 밑거름이 됩니다. 그러니 어렵더라도 부드럽고 단호하게 거절하는 연습을 해보길 바랍니다.

끝까지 해내는 사람이 되는 방법

행동의 가치는

그 행동을 끝까지 이루는 데 있다.

_ 칭기즈 칸

'시작이 반이다'라는 속담은 무슨 일이든지 시작하기가 어렵지만 일단 시작하면 일을 끝마치기는 그리 어렵지 않다는 뜻입니다. 그런데 실제로는 속담과는 다르게 일을 잘 시작했음에도 불구하고 끝마치지 못하는 경우가 많습니다.

공부는 시작했는데 10분이 채 지나지 않아 핸드폰을 만지거나 졸음에 빠지는 경우, 출근해서 아메리카노와 함께 오전 업무를 시작했지만 이내 쏟아지는 업무에 골머리가 썩어

머리가 멍해지는 경우입니다. 일기 쓰기를 시작했지만 1주일만에 그만둔 사람, 헬스장에 등록하고 며칠 열심히 나가다가 이내 발길을 끊어버리는 사람들도 모두 시작은 잘했지만 제대로 끝마치지 못한 경우입니다. 그래서 시작이 반이면 끝맺음도 반이라는 사실을 잘 기억해야 합니다.

칭기즈 칸은 전 세계를 통틀어 가장 넓은 땅을 누빈 인류 최대의 정복군주입니다. 그가 시작만 하고 끝까지 행동하지 않았다면, 그의 이름은 지금처럼 알려지지 못했을 것이고 역사도 완전히 달라졌을 것입니다. 패스트푸드점 KFC를 창립한 할랜드 샌더스의 일화도 유명합니다. 65세의 나이에 치킨 레시피를 팔고자 도전한 그는, 1008번의 거절을 당했지만 결국 1009번째의 성공을 토대로 세계적인 기업가가 됐습니다. 그가 만약 1007번째에 행동을 멈췄다면 지금 KFC는 세계 어디에도 없었을 것입니다.

무언가를 시작하는 것도 중요하지만 끝까지 해내는 것도 중요합니다. 그래서 일을 잘 끝내기 위한 다음의 세 가지 조건을 점검해봐야 합니다. 첫 번째는 목표가 적당한가입니다. 평범한 사람이 매일 오전 오후 두 번씩 헬스장에 가서 한 달 뒤에는 바디프로필을 찍겠다는 목표를 세웠다면 실패할 확률이 매우 높습니다. 목표가 너무 과하면 작은 실수도 실패처럼 느껴지고 동기가 떨어져서 일을 진행할 추진력을 얻지 못하기 때문입니다.

두 번째는 적절하고 즉각적인 보상이 있는가입니다. 다이어트를 위해 삼시 세끼 식단을 샐러드로만 구성한다면 일주일에 하루쯤은 과하지 않은 치팅데이를 설정하는 것이 목표 달성에 도움이 됩니다. 즉각적인 보상 없이 목표를 향해 달려가는 일은 자동차에 틈틈이 기름을 넣어주지 않고 전국 일주를 하겠다는 것과 비슷합니다.

세 번째는 나의 능력에 맞는가입니다. 평소 운동에 관심 없던 사람이 매일 3시간씩 운동을 한다면 금세 지쳐서 꾸준한 운동 습관을 만들 수 없게 됩니다. 게임을 할 때도 튜토리얼이 있고 직장생활을 시작할 때도 수습 기간이 있는 것처럼 모든 시작에는 능력에 맞는 과제가 주어져야 합니다. 무언가를 시작할 때 뚜렷한 목표, 즉각적 보상, 자신의 능력, 이 세 가지를 점검한다면 그 행동을 끝까지 해내어 원하는 지점에 도달할 확률이 높아집니다. 자, 이제 시작을 통해 컵에 물을 반절이나 따라놨으니, 남은 반절을 마저 따라서 행동의 열매를 맺어보시길 바랍니다.

내가 바꿀 수 있는 것은
지금뿐이다

다시 인생을 살 기회가 주어진다면
똑같은 실수를 저지르되 좀 더 일찍 저지를 것이다.

_ 탈룰라 뱅크헤드

탈룰라 뱅크헤드는 1900년대 초반 브로드웨이의 여왕입니다. 부유한 집안에서 태어나 열여섯의 나이로 미인 대회에 입상했고, 10대 후반에는 일찌감치 브로드웨이 무대에 서면서 이름을 알리기 시작했습니다. 이후 할머니가 될 때까지 영화, 무대, TV, 라디오에서 활약하며 뉴욕 비평가협회 여우주연상을 받는 등 멋진 커리어를 쌓기도 합니다. 남들이 보기에는 탄탄대로를 살아온 것처럼 보이지만, 그녀는 자신의 삶이 실수투성이라고 생각했습니다.

겉으로 보기에는 영화와 연극을 둘 다 섭렵한 팔방미인으로 보이지만 사실 그녀는 평생을 괴로워했습니다. 무대와 스크린, 그 어느 곳에도 정착할 수 없었기 때문입니다. 1919년 무대에서 시작해서 1927년 스크린, 1929년 무대, 1931년 스크린, 1933년 무대, 1944년 스크린, 1946년 무대, 1967년 스크린을 끝으로 은퇴할 때까지 그녀는 무대와 스크린 사이에서 끊임없이 갈팡질팡했고, 그 과정에서 불안증이 심해져 불면증에 시달리며 술과 담배 없이는 한시도 버티지 못했습니다.

그녀는 사실 무대에 서는 것을 더 좋아했습니다. 그럼에도 불구하고 계속해서 스크린에 도전한 이유는 그것이 그녀에게 포기할 수 없는 도전이었기 때문입니다. 다시 인생을 살 수 있다면, 꼭 스크린에서 성공하겠다는 말을 했을 정도였습니다. 보통 사람이라면 스크린은 포기하고 무대에서 평생을 보내겠다고 했을 텐데 말이죠. 아마 그녀는 스크린에 도전하기로 한 것을 최선의 선택이라 믿었을 것입니다.

우리는 지금 이 순간 최선의 선택을 하며 살아갑니다. 그러나 그 선택이 결과적으로는 최고의 선택이 아닐 수 있습니다. 그랬을 때는 아쉬움과 후회가 남지만, 그래도 탈룰라 뱅크 헤드처럼 지난날 자신이 내린 선택을 존중하고 믿어주는 태도가 필요합니다. 그리고 다가올 미래에 아쉬움을 줄이기 위해 현재의 순간을 최선을 다해 살아가야 합니다. 그것이 우리가 할 수 있는 일이고 또 해야 하는 일입니다.

최근에 어떤 선택을 하셨나요? 그리고 그 선택으로 인해 생긴 아쉬움과 후회는 무엇인가요? 한번 천천히 생각해봅시다. 과거로 돌아간다면 다른 선택을 하실 건가요? 그런데 아쉽게도 우리는 과거로 돌아갈 수 없습니다. 그저 현재를 살고 미래를 맞이할 뿐이죠. 우리가 바꿀 수 있는 것은 지금 이 순간뿐입니다. 그러니 두 손으로 움켜쥐고 있는 과거의 아쉬움과 후회는 이제 그만 놓아주세요. 그래야 두 손으로 현재를 움켜쥘 수 있으니까요.

나 자신부터 사랑하는 연습

중요한 것은 사랑을 받는 것이 아니라

사랑을 하는 것이다.

_ 윌리엄 서머싯 몸

우리의 마음속에는 사랑 바구니가 하나씩 있습니다. 사람마다 그 바구니의 모양과 크기가 다릅니다. 사랑 바구니를 채우는 방법은 두 가지가 있습니다. 자기 스스로 사랑을 만들어내어 채우거나 다른 사람으로부터 사랑을 받아 채우는 것입니다. 우리는 주로 두 번째 방법을 선택하고 다른 사람으로부터 사랑받기 위해 노력합니다.

최근 의료계에서는 자신을 스스로 사랑하고 더 나아가

다른 사람에게 사랑하는 마음을 주는 것이 우리에게 건강과 행복을 준다는 연구 결과에 주목하고 있습니다. 사랑하는 마음에 기본이 되는 이타심은 대인관계 능력, 사회적 지지, 소진 보호, 관계 개선 등의 과학적 효과를 보입니다. 또한 자신과 타인에 대해 진심 어린 마음으로 행복을 빌어주고(Loving-kindness) 고통에서 벗어나기를 바라는 마음(Compassion)을 가질 때 스트레스, 불안, 우울, 분노를 낮추고 면역기능 강화, 신뢰 증진, 공감력 향상 등의 효과를 얻을 수 있습니다.

'누군가 널 위하여, 누군가 기도하네. 네가 홀로 외로워서 마음이 무너질 때 누군가 널 위해 기도하네.'

가톨릭 성가의 가사 일부입니다. 이 가사에서 가장 행복한 사람은 누군가로부터 기도를 받는 사람이 아니라 누군가를 위해 기도하는 사람입니다. 우리가 지금 할 수 있는 것은 남들로부터 사랑받기 위해 고군분투하는 것이 아니라, 스스로를 따뜻하게 껴안아주고 사랑해주는 것입니다. 다른 사람으로부터 사랑받는 것은 내 맘대로 되지 않습니다. 그러나 자기 자신을 사랑하고 다른 사람을 사랑하는 것은 내 맘대로 할 수 있습니다. 효과도 분명하고 방법도 쉽다면 사랑하는 것을 선택하지 않을 이유가 없습니다.

건강 심리학에서는 이를 3단계 자비 명상으로 소개합니다. 먼저 1단계는 자기 자신에게 보내는 사랑입니다. '내가 건강하기를, 내가 평안하기를, 내가 행복하기를' 등의 문구를 하루에 한 번씩 말해보는 것입니다. 2단계는 가까운 사람에게 보내는 사랑입니다. '그가 행복하기를, 그가 고통으로부터 자유로워지기를, 그가 평안하기를'. 마지막 3단계는 자존감과 자신감이 필요합니다. 바로 알지 못하는 사람, 불편한 사람, 미운 사람에게 사랑을 보내야 하기 때문입니다.

자비 명상을 3단계까지 할 수 있다면 그 거대하고 긍정적인 효과가 오롯이 나에게 돌아옵니다. 지금 이 순간부터 자신에게 조금 더 자주 사랑한다는 말을 해주세요. 그럼 정말로 행복이 찾아옵니다.

마음속 불청객에
대처하는 자세

세상에는 좋은 것도 없고 나쁜 것도 없다.
다만 생각이 그렇게 만들 뿐이다.

_ 윌리엄 셰익스피어

4대 비극《햄릿》《리어왕》《오셀로》《맥베스》와 희극《베니스
의 상인》《한여름밤의 꿈》 등으로 유명한 셰익스피어는 낭만
과 분노, 해학과 울분, 기쁨과 슬픔처럼 서로 대극에 있는 감
정들을 다루는 멋진 작품들을 남겼는데, 대부분의 작품 주제
가 바로 사랑입니다.

셰익스피어에게 사랑은 생각하기 나름이었습니다. 행복
만 가득할 것 같은 사랑이라는 단어를 4대 비극에서 배신(햄

릿), 불륜(리어왕), 죄책감(오셀로), 욕심(맥베스)으로 풀어내면서 사랑의 다양한 모습을 보여주기도 했습니다. 이를 통해 세상에 좋은 것도 없고 나쁜 것도 없으며 생각하기 나름이라는 자신의 말을 증명해 보입니다.

철학에서는 사랑을 일곱 가지로 분류합니다. 플라토닉(정신적 교감), 아가페(헌신), 에로스(열정), 루두스(게임), 스토르게(우정), 프레그마(계산적), 매니아(집착). 심리학에서도 사랑을 일곱 가지로 분류하는데, 심리학자 로버트 스턴버그는 친밀감, 열정, 헌신이라는 세 꼭짓점을 통해 사랑을 좋아함, 도취, 공허함, 낭만, 우애, 얼빠짐, 성숙함으로 분류했습니다.

7이라는 숫자가 특별한 의미가 있는 것은 아니지만, 우리가 생각하는 사랑보다 그 범위가 더 넓다는 것을 보여주는 숫자이기도 합니다. 사랑도 생각하기 나름인 것입니다.

세상이 나를 힘들게 한다고 느껴진다면 사랑을 다양한 관점으로 살펴본 것처럼, 힘든 대상을 다양한 관점으로 바라보는 것만으로도 마음이 편안해질 수 있습니다. 다시 말해, 힘들게 하는 대상이 정말 세상의 문제인지, 아니면 그것을 해석하는 내 마음의 문제인지를 구분해보라는 것입니다. 실제로 심리학자들은 스트레스를 무작정 나쁜 것으로 보지 않습니다. 대신 스트레스를 스트레스원(Stressor)과 스트레스 반응(Stress responses)으로 구분하여 생각합니다. 스트레스원은 스트레스를 주는 사건이나 자극을 의미하고 스트레스 반응은 거기에 대한 나의 반응을 의미합니다.

나를 힘들게 하는 대상이 다른 사람들도 어찌할 수 없는 세상의 문제라면, 나를 보호하기 위한 반응을 해야 할 것입니다. 그러나 나를 힘들게 하는 대상이 내 생각과 내 마음에서 비롯한 것이라면, 객관적인 시각과 새로운 관점을 통해 나의 반응을 바꿔야 합니다.

현재 나에게 주어진 환경만 탓한다면 더 이상의 발전을 기대하기는 어려울 것입니다. 그러나 어려운 환경 속에서 더욱 최선을 다하고자 집중한다면 반드시 자신만의 꽃을 피울 수 있을 것입니다. 이란격석(以卵擊石)이라는 말이 있습니다. 계란으로 바위를 친다는 뜻으로 도저히 승산이 없는 경우를

뜻합니다. 또, 수적석천(水滴石穿)이라는 말이 있습니다. 물방울이 돌을 뚫는다는 뜻으로 꾸준히 노력하면 큰일을 이룰 수 있음을 이르는 말입니다. 보시다시피 이란격석과 수적석천은 똑같은 상황을 다른 관점으로 바라본 사자성어입니다. 셰익스피어의 말처럼 세상에는 좋은 것도 나쁜 것도 없이 그저 생각만 있나 봅니다.

나의 안식처는
나 자신이어야 한다

네 잘못이 아니야(It's not your fault)!

_영화 '굿 윌 헌팅' 중에서

1997년 개봉한 영화 '굿 윌 헌팅'은 주인공 윌 헌팅이 멘토인 숀 맥과이어를 만나 상처를 치유받으며 변화하기 시작하는 서사를 그린 영화입니다. 윌은 천재성을 타고났지만 어릴 적 학대와 상처로 인해 어긋난 길을 걸어왔습니다. MIT의 청소부로 일하던 중에 한 교수가 윌의 천재성을 알아보지만 폭력 시비에 휘말린 윌은 실형을 받게 됩니다. 그런 그를 안타깝게 생각한 교수는 정신과 치료를 조건으로 출소시킨 후 치료를 도와줄 멘토 숀을 만나게 합니다. 그리고 긴 시간 동안 치료를 받으면서도 열리지 않던 월의 마음을 열어준 대사가 바로 '네 잘못이 아니야'입니다.

잘못을 저지르거나 실수를 하면 우울한 감정을 느낄 수 있습니다. 이는 자연스러운 현상입니다. 문제는 그 우울한 감정이 과거의 잘못과 미래에 미칠 영향까지 지금 이 순간으로 가지고 와서 자신을 무너뜨리는 데 집중하게 된다는 것입니다.

우울감에 휩싸이게 되어 '그래, 난 변하지 않았어, 지금까지 하나도 발전한 게 없네, 결국 난 못해낼 거야!', '나는 실수투성이야!', '내가 잘될 리가 없지'와 같은 말을 되뇌며 끊임없이 자책합니다. 이처럼 성취하지 못한 상황에 집중하며 특별한 문제해결 없이 우울한 감정을 유지하고 지속시키는 것을 심리학에서는 반추적(Rumination) 사고방식이라고 부릅니다. 마치 소가 음식을 되새김질하듯이 우리도 부정적인 사건과 감정을 되새김질한다는 것이죠.

긍정적인 방식의 되새김질은 다음에 더 잘하기 위한 디

딤돌이 되어줍니다. 그렇지만 부정적인 방식의 되새김질은 자신을 더욱 자책하게 하고 우울한 감정을 지속시키면서 활력을 앗아갑니다. 그리고 계속해서 부정적인 생각을 하게 되면 그것이 굳어지면서 하나의 단단한 신념이 되기도 합니다. 자신의 잠재력과 발전 가능성을 튼튼한 감옥에 가둬놓고 결코 더 나아질 수 없다는 생각으로 스스로를 위축시키는 악순환이 시작되는 것이죠.

모든 것이 내 잘못 같을 때는 반추적 사고를 하고 있는지 돌아봐야 합니다. 그럴 때는 영화 속 대사처럼 마음속으로 'It's not your fault, 네 잘못이 아니야!' 하고 목소리를 들려주는 것도 좋습니다. 비록 나의 잘못이 있다고 할지라도, 모든 잘못을 내가 짊어지고 힘들어해야 할 만큼 잘못한 것은 아니기 때문입니다.

무언가 크게 잘못하게 되면 존재가치가 저하되고, 외롭고 공허하며, 큰 자책감에 빠져 한없이 작아지게 됩니다. 이때 따뜻한 멘토의 내가 와서 모든 게 네 잘못이 아니라며 안아준다면 얼마나 큰 위로가 될까요?

우리는 살아가면서 반드시 큰 어려움을 만나게 됩니다. 그렇기에 오늘 마음속 한쪽에 나를 안아줄 수 있는 멘토 선생님을 만들어보세요. 그리고 그때가 되면 따뜻한 내가 힘들어하는 나를 안아줄 수 있도록 용기를 내주세요.

나만의 열쇠를 찾는다는 것

열쇠 꾸러미에서 실제로 문을 여는 것은
가장 마지막 열쇠일 경우가 많습니다.

_ 파울로 코엘료

『연금술사』『순례자』『베로니카, 죽기로 결심하다』등으로 유명한 작가 파울로 코엘료는 처음부터 성공한 작가는 아니었습니다. 어린 시절 가족의 불화로 우울증에 시달리며 정신병원 신세를 졌고, 20대 때는 대학을 중퇴하고 돌연 세계 여행을 떠나거나, 히피 문화에 심취해 록밴드를 결성하기도 했습니다. 브라질 군부 독재 시절에는 반정부 활동에 가담했다는 혐의를 받아 감옥 생활을 해야 했고, 30대 때는 틈틈이 작품을 발표했지만 주목받지 못했습니다. 결국 다니던 직장을 그만두고 산

티아고로 순례를 떠난 그는 30대 후반의 나이에 연금술에 매력을 느껴 신비로운 현자의 돌을 찾아 여행을 떠납니다.

만약 우리 주변의 누군가가 30대 후반에 현자의 돌을 찾아 여행을 떠나겠다고 한다면 어떻게 반응해야 할까요? 옆에서 지켜보는 것만으로도 속이 터질지 모르겠습니다. 그러나 파울로 코엘료에게 이 모든 경험은 일탈이 아닌 자신의 삶을 개척하기 위한 도전이었습니다.

그는 40세가 되어서도 다양한 열쇠로 자기 삶의 문을 열기 위해 끊임없이 도전했고, 비로소 『연금술사』라는 작품을 통해 작가로서의 문을 활짝 열었습니다. 현재 그의 책은 전 세계 8500만 독자를 보유하고 있으며 그는 '세계에서 가장 많은 언어로 번역된 작가' 기네스북에 올라 있습니다.

인생의 시간 중 반절 가량을 자아 찾기로 보낸 파울로 코엘료는 결국 그만의 열쇠를 얻고 자물쇠를 열 수 있었습니다. 미시적인 관점에서는 여러 번의 실패에 따라 우왕좌왕 헤매는 삶을 살았다고 볼 수 있지만, 거시적인 관점에서는 여러 방향을 모험하다가 결국 목적지에 도달한 모험가의 삶을 살았다고 해석할 수 있습니다.

우리는 파울로 코엘료의 말을 통해 두 가지를 생각해보아야 합니다. 하나는 끈기 있게 도전하는 자세입니다. 여러 번 시도해서 40세의 나이에 마침내 꿈을 이룬 파울로 코엘료를 떠올리며 스스로의 도전을 응원해보기를 바랍니다. 다른 하나는 지금, 이 도전이 맞는가입니다. 수많은 열쇠 중에서 나만의 것을 찾아 자물쇠를 여는 것은 입시 끝에 원하는 대학에 들어가거나, 취업 준비 끝에 원하는 기업에 입사하는 것과 같습니다.

그 순간 우리는 큰 희열을 느끼지만, 그만큼 큰 공허함도 느낍니다. 내가 간절히 원하던 문을 열었다고 생각했는데 적성에 맞지 않아 결국 학교를 그만두거나 퇴사를 결심하기도 합니다. 2024년 한 구직포털사이트의 조사 결과, 입사 1년 이내에 퇴사한 경험이 있다고 응답한 비율은 66%였습니다. 2023년 고용노동부의 조사에 따르면, 대기업 직원의 퇴사율은 16%로 매우 높았습니다. 힘겹게 맞는 열쇠를 찾아 자물쇠를 열었지만, 펼쳐진 세상은 내가 꿈꾸던 것과 달랐던 것입니다.

처음부터 내가 꿈꾸던 세상이라면 좋겠지만 그런 탄탄대로는 아주 어렵습니다. 그렇기 때문에 더더욱 내가 원하는 것이 무엇인지 깊게 고민하고 탐구하는 시간이 필요합니다. 파울로 코엘료도 많은 시간을 들여 자신의 열쇠를 찾았듯이, 우리도 시간을 들여 자신의 열쇠를 찾아야 합니다. 값진 고민의 시간이 있다면 우리의 도전은 더욱 의미 있을 것입니다.

우리의 삶은 파도와 같아서 넘실넘실 움직이다가,
어느 순간이 되면 물결이 가장 높은 곳까지 치솟기도 하고,
세찬 굉음을 내며 가장 낮은 곳까지 곤두박질치기도 합니다.
우리는 우리에게 찾아오는 역경을 매번 피해갈 수 없습니다.
대신 새로운 관점으로 바라보고, 새롭게 경험하며,
성장의 디딤돌로 삼을 수 있습니다.

4장
◆
매일 나의 하루를
더 의미 있게 만드는
한마디

아침마다
우리는 인생의 출발선에 선다

늙어가는 것에 대한 두려움은
지금 자신이 원하는 삶을
살고 있지 않다는 인식에서 비롯된다.
_수전 손택

늙어간다는 것에 대해서 진지하게 생각해본 적이 얼마나 있으신가요? 늙어간다는 것은 우리가 피해갈 수 없는 사실입니다. 사람이라면 누구든지 반드시 늙어서 죽기 때문입니다. 그럼에도 불구하고 우리는 그 사실을 항상 떠올리며 살아가지 않습니다. 오히려 그 반대로 거의 생각하지 않고 살아가죠. 그래서 세월이 어떻게 흘렀는지도 모르게 나이가 들고, 아무런 준비 없이 삶을 마감하기도 합니다.

수전 손택은 뉴욕 지성계의 여왕이자 대중문화계의 퍼스트레이디로 불린 작가 겸 평론가입니다. 사회문제, 전쟁, 정치, 인권 분야에 거침없는 비판을 쏟아내며 행동하는 지성인의 모습을 보여준 인물입니다. 그녀는 수십 년 동안 부정부패를 저지른 사람들을 비판하는 글을 써왔고, 그들이 돈과 명예를 거머쥐었음에도 두려움 속에 늙어가는 것을 누구보다 가까이서 지켜봤습니다.

늙어가는 것은 청년에게는 막연한 두려움이고, 중년에게는 외면하고 싶은 사실이며, 장년에게는 거부할 수 없는 불편함입니다. 그래서 수전 손택은 늙어가는 것에 대한 두려움을 극복하기 위해 하루빨리 원하는 삶을 살아가라고 조언합니다. 내가 원하는 삶을 살 때 늙어감은 성장함으로, 또 성숙함으로 해석되기 때문입니다.

지금 우리의 나이가 몇 살인지는 중요하지 않습니다. 오늘도 여전히 성장하고 성숙할 수 있기 때문입니다. '코리아 그랜마'로 알려진 유튜버 박막례 할머니는 1947년생입니다. 과일 장사, 가사도우미, 공사장 백반집, 식당 등을 하며 긴 세월을 살아왔지만 지금은 구독자가 120만 명에 달하는 거대 유튜버로 진짜 원하는 삶을 살고 있습니다. 손녀딸의 제안으로 유튜브라는 우연한 기회가 인생에 찾아온 것은 맞습니다. 그러나 그 기회를 잡고 싹을 틔운 사람은 박막례 할머니 본인이었습니다.

타임지 선정 '세계에서 가장 영향력 있는 심리학자'로 뽑힌 적이 있는 에이미 커디 교수는 "만약 당신이 어떤 훌륭한 자리에 있으면 안 될 사람처럼 느껴진다면, 이미 그 자격이 있는 사람인 척하세요. 그런 자격이 생길 때까지 계속 그런 척을 유지하세요"라고 말했습니다. 원하는 삶의 모습이 지금 내 삶의 모습과 다를지라도 꿈꾸기를 멈추지 마세요. 오히려 더욱 적극적으로 꿈꾸고 이미 꿈을 이룬 사람처럼 행동하다 보면 어느새 내 삶이 조금씩 달라지기 시작할 겁니다.

걱정의 고리를 끊어내는 방법

인생에서 저지를 수 있는 가장 큰 실수는
실수할까봐 끊임없이 두려워하는 일이다.

_ 앨버트 허버드

한 연구기관에서 걱정에 대해 조사한 적이 있습니다. 사람들에게 언제 걱정을 하냐고 물어본 뒤에 정리를 해보니, 걱정의 40%는 절대로 현실에서 발생하지 않을 사건이었습니다. 걱정의 30%는 이미 일어난 과거의 일에 대한 것이었고, 걱정의 22%는 신경 쓸 일도 아닌 사소한 고민에 대한 것이었습니다. 4%는 걱정을 해도 바꿀 수 없는 일에 대한 것이었습니다. 즉 사람들이 하는 걱정의 96%가 불필요하고 쓸데없는 것이라는 말입니다. 이런 걱정 때문에 정작 지금 해야 할 일을 놓치고 기쁨, 행복, 평화를 잊은 채 살아가게 됩니다.

2015년 '걱정말아요 그대'라는 노래가 사람들에게 큰 위로를 주었습니다. 그리고 이듬해인 2016년 윤홍균 의사의 『자존감 수업』을 통해서 사람들은 본격적으로 마음 건강에 관심을 가지기 시작합니다. 그렇게 긴 세월이 흘렀음에도 불구하고 여전히 우리는 마음의 건강을 돌보기 위해 큰 노력을 하고 있습니다.

코넬대 칼 필레머 교수는 노인 1,500명을 대상으로 '인생에서 가장 후회하는 것이 무엇인지'에 대해 물었습니다. 대부분은 '너무 걱정하며 살아온 것'이라고 답변했습니다. 이처럼 걱정하지 말아야지 하면서도 계속하게 되는 이유는 무엇일까요?

다양한 이유가 있지만, 우리나라에서는 어렸을 때부터 완벽주의를 강요받았다는 것이 있습니다. 제가 과거 완벽주의에 관해 연구하던 때 2015년 9월 수능 모의고사 등급 컷을 보고 상당히 놀랐던 적이 있습니다. 1등급을 받기 위해서는 국어, 영어, 수학 모두 100점을 맞아야 했기 때문입니다. 다시 말해서 한 문제만 틀려도 그 학생은 2등급이 되는 것입니다. 모의 평가가 아니라 얼마나 완벽하게 한 문제도 틀리지 않는지 검증하는 과정처럼 느껴졌습니다. 모든 과목에서 딱 1개씩만 틀린 우수한 친구라도 성적표를 받고 좌절감을 맛보게 되는 것입니다.

우리는 공부에서, 일에서, 관계에서도 실수할까봐 끊임없이 두려워합니다. 그러다 보면 결국 실수하게 되었을 때 쉽게 자책으로 이어집니다. 이런 부정적인 연결고리를 끊기 위해서는 나 스스로가 불완전한 존재임을 가장 먼저 인정하는 것부터 시작해야 합니다. 다음의 말들을 한결 마음이 편해질 때까지 되뇌어봅시다.

'나는 불완전한 존재입니다.'
'나는 스스로에게 너무 엄격합니다.'
'못해도 괜찮아.'
'이런 나라도 나는 나를 사랑해.'

실패에 대처하는 자세

실패해서 배운 것이 있다면 이 또한 성공이다.

_말콤 포브스

우리는 어릴 때부터 '실패는 성공의 어머니'라는 말을 수도 없이 들어왔습니다. 그런데 막상 실패하는 그 순간에는 세상의 시선이 어떠한가요? 아주 차갑습니다. 나 스스로도 수치심, 분노, 좌절감이 밀려오고 괴로움에 허덕이게 됩니다. 화불단행(禍不單行), 안 좋은 일은 잇달아 온다는 말처럼 계속해서 실패와 좌절을 겪을 때는 이 세상에 홀로 남은 듯한 고립감까지 찾아옵니다. 그런 힘든 시간 속에 있을 때는 아무리 주변에서 도움의 손길을 내밀고 좋은 말을 해줘도 마음에 와닿지 않죠. 결국 나 스스로 실패와 마주하고 마음을 일으켜 세워야 하는 것입니다.

큰 실패를 경험하면서도 괜찮은 척하며 웃음 짓는 사람은 자신의 감정을 회피하는 사람입니다. 말콤 포브스의 말처럼 실패를 통해 무엇인가를 배워 새로운 성공으로 변환시키고자 한다면, 실패를 마주하고 다룰 줄 아는 사람이 되어야 합니다. 우리 삶에서 앞으로 크든 작든 실패는 분명히 있을 테니까요.

실패를 잘 다루기 위해서는 지금까지 해오던 잘못된 위로법을 바꿔야 합니다. 첫 번째 잘못된 위로는 '그래! 난 문제없어! 난 여전히 멋진 존재야!'라고 말하며 실패한 자기 자신을 부정하는 것입니다. 실패했음을 인정하지 않으면 실패로부터 아무것도 배울 수 없습니다.

두 번째 잘못된 위로는 '이거 별일 아니야!' 하며 사태의 심각성을 깎아내리는 것입니다. 아무리 머리로 별일 아니라고 해봤자, 우리 마음은 실패로부터 온 큰 좌절에 고통스러워하고 있다는 사실을 인정해야 합니다.

세 번째 잘못된 위로는 '그거 다 좋은 경험이야!' 하며 성급하게 실패를 긍정적으로 해석하는 것입니다. 실패 경험으로 인해 자존감이 낮아진 상태에서 선불리 긍정적인 해석을 덧붙인다면 그것이 오히려 괴리감을 불러일으키게 하는 계기가 됩니다.

그렇다면 실패했을 때 어떻게 하는 것이 좋을까요? 가장 먼저 실패했음을 인정하는 것이 필요합니다. 더하지도 말고 덜어내지도 말고 있는 그대로 팩트만 바라봐야 합니다. 그리고 이 실패로부터 오는 불편한 감정들을 인정하고 받아들여 충분히 힘들어하는 시간을 갖는 것도 중요합니다. 땀을 흘리며 운동을 하거나, 슬픈 영화를 보며 울거나, 나를 잘 이해해주는 사람과 이야기하며 따뜻한 지지와 위로를 받는 것도 좋습니다.

이렇게 있는 그대로의 시각으로 실패를 받아들이는 것이 나를 위한 자연스러운 위로가 됩니다. 그다음에서야 비로소 실패를 통해 무엇을 배울 수 있을지 생각하고 준비하면 됩니다. '그래! 이번 주에 이런 실패가 있었지만 이를 발판 삼아 다음 주에는 더욱 멋진 결과물을 만들어내자!' 하고 말이죠.

다음에 무언가에 실패했을 때는 꼭 슬프고 힘든 감정들을 돌봐주고 위로해주세요. 그 과정이 우리의 실패를 진정한 성공의 과정으로 이끌어줄 것입니다.

인생의 파도를 유영하는 서퍼처럼

당신은 움츠리기보다
활짝 피어나도록 만들어진 존재입니다.
_ 오프라 윈프리

아침에 집을 나서는 순간부터 일이 잘 안 풀릴 때가 있습니다. 갈 길이 급한데 엘리베이터를 놓치고, 정류장으로 가는 길에 타야 할 버스가 막 떠나버립니다. 발걸음을 서두르다가 돌부리에 걸려 넘어질 뻔하고, 씩씩거리며 역에 다다르면 타야 할 전철이 눈앞에서 문을 굳게 닫기도 합니다. 이런 상황에서는 누구라도 답답하고 짜증이 나는 것이 당연합니다.

다른 장면에서는 어떨까요? 큰 부담감을 이기지 못해서

발표를 망치기도 하고, 분명히 꼼꼼하게 검토한 것 같았는데 미처 발견하지 못한 실수가 드러나기도 합니다. 이럴 때 우리는 잔뜩 움츠러듭니다. 주변 사람들이 괜찮다고 아무리 위로를 해줘도 자신을 용서하지 못해 눈물이 나기도 합니다. 부족한 내 모습을 자책하며 며칠을 보내기도 합니다.

그런데 이런 일들은 나에게만 일어나는 일이 아닙니다. 우리의 삶은 파도와 같아서 오르락내리락 넘실넘실 움직이다가, 어느 순간이 되면 물결이 가장 높은 곳까지 치솟기도 하고, 세찬 굉음을 내며 가장 낮은 곳까지 곤두박질치기도 합니다. 이처럼 살아가다 보면 높이 솟은 물결처럼 멋진 성공을 경험하기도 하고, 바닥으로 꺼지는 물결처럼 최악의 실패를 경험하기도 하는 것이 바로 우리의 삶입니다. 그래서 삶을 살아가는 모든 이들은 반드시 잘 풀리지 않는 날을 경험하게 됩니다.

이제 우리가 해야 할 일은 이 파도를 어떻게 바라보고 대처하느냐입니다. A라는 사람은 거센 물살에 휩쓸려 물속에서 정신없는 시간을 보낼 것입니다. 그리고 다음 파도가 찾아올 때마다 두려움에 허덕일 것입니다. 반대로 B라는 사람은 파도를 타고 서핑하는 서퍼(Surfer)가 될 것입니다. 그 사람에게 다음 파도는 서핑할 기회가 되어 설렘을 선사할 것입니다.

우리는 우리에게 찾아오는 역경을 매번 피해갈 수 없습니다. 대신 새로운 관점으로 바라보고, 새롭게 경험하며, 우리 성장의 디딤돌로 삼을 수 있습니다. 아름다운 꽃도 밤에는 잠시 움츠리고 있다가 낮에 활짝 피어납니다. 지금 역경 앞에 움츠리고 있다면, 그것을 극복하고 활짝 피어날 순간이 반드시 올 것입니다. 우리는 움츠리기보다 활짝 피어나도록 만들어진 존재입니다.

나를 괴롭히는 문제는
지나가는 소나기와 같다

삶은 풀어야 할 문제가 아니고
경험해야 하는 여행이다.

_A.A 밀른

우리는 하루에도 여러 번 성가시거나 처리하기 어려운 문제를
맞닥뜨리곤 합니다. 자녀가 말썽을 피워서 애가 타기도 하고,
회사의 팀원이 일 처리를 잘못해서 머리가 아프기도 하죠. 일
상 속 문제 또한 틈틈이 발생합니다. 갑자기 핸드폰이 말을 안
듣는다든가 화장실 변기가 막힐 수도 있죠. 이런 문제들을 우
리는 골칫거리라고 부릅니다. 일상 속에서 끊임없이 발생하
는 골칫거리는 우리의 몸과 마음을 천천히 갉아먹습니다.

이 문제를 중요하게 여겼던 미주리대학 심리학과 캐넌 쉘던 교수와 동료들은 '사소한 골칫거리 문항'을 개발합니다. 무려 110여 개의 항목으로 구성되어 있는데, 이를테면 '물건을 잃어버림', '담배를 너무 많이 피움', '반려동물을 돌봐야 함', '날씨가 마음에 안 듦', '뉴스에 나오는 사건이 걱정됨'과 같은 것이었습니다. 문항들을 보면 어떤 사람에게는 전혀 문제가 되지 않을 것 같은 내용도 많습니다. 결국 일상 속 골칫거리들은 내가 그것을 어떻게 바라보는가에 따라서도 달라지는 것입니다.

만약 사소한 문제들이 나의 마음을 수시로 괴롭혀서 스트레스가 된다고 느껴지면 '곰돌이 푸' 속의 이 일화를 떠올려봅시다. 어느 화창한 날, 곰돌이 푸가 나무에 기대어 꿀단지를 퍼먹고 있었습니다. 그때 저 멀리서 말썽꾸러기 호랑이 티거와 겁 많고 소심한 돼지 피글렛이 말다툼을 벌이고 있는 것을 발견했습니다. 곰돌이 푸는 어떻게 했을까요? 사람들에게 '어떻게 하시겠어요?'라고 물어보면 대다수가 '어서 친구들이 있는 곳으로 가서 싸움을 말리고 화해할 수 있도록 도와주겠다'라고 대답합니다. 그러나 곰돌이 푸는 그러지 않았습니다.

지금 이 순간 눈앞에 행복을 놓치고 싶지 않았기 때문에 걱정을 내려놓고 그저 꿀단지 속 꿀을 먹는 데 집중을 합니다. 그리고 티거와 피글렛의 말다툼을 지나가는 소나기처럼 취급합니다. 곰돌이 푸는 골칫거리를 문제가 아니라 이 또한 지나갈 하나의 경험으로 대한 것입니다.

　　삶을 매 순간 풀어야 하는 문제로 대한다면 참 어렵고 힘들 것입니다. 삶에서 발생하는 다양한 골칫거리를 해결해야 하는 문제가 아니라 경험해야 하는 여행으로 받아들인다면, 내 맘대로 되지 않는 일에도 개방적이고 유연한 자세를 취할 수 있게 됩니다. 우리의 삶은 어려운 수학 문제보다 백 배, 천 배는 더 복잡합니다. 그러니 모든 것을 풀어내기보다는 그저 지나가도록 바라보는 것도 괜찮습니다.

백 마디 말보다
가치 있는 침묵의 말

침묵하라.
아니면 침묵보다 더 가치 있는 말을 하라.
많은 단어로 적게 말하지 말고 적은 단어로 많은 것을 말하라.
_ 피타고라스

침묵에 관한 명언은 참 많습니다. 가장 널리 알려진 침묵 명언은 '침묵은 금이다'입니다. 이 명언도 앞부분이 존재하는데 '웅변은 은이다'입니다. 말하는 것보다 침묵하는 것이 더 나을 때가 있다는 것이죠.

대학에서 침묵을 배우는 과가 있습니다. 바로 상담심리학과입니다. 대화를 통해 사람을 변화시키는 대표적인 직업은 바로 심리상담사입니다. 우리나라에서 심리상담사로 일하기 위해서는 대학원에서 관련 내용을 공부해야 하고, 수십 번에서 수백 번의 상담실습을 거쳐 자격을 취득해야 합니다. 그래서 상대방의 말을 경청하고 적은 단어로 많은 것을 전달해야 하는데, 이 과정에서 가장 필요한 것이 침묵입니다. 결국 말을 잘하기 위해서는 침묵도 잘해야 하는 것입니다.

저 또한 심리상담 중에 내담자와 단둘이 앉아 어려운 이야기를 하다 보면 가끔 침묵이 찾아오는데, 너무 고요해서 10초만 침묵이 흘러도 뭐라 말해야 할 것 같은 압박이 들기도 합니다. 그러나 상황에 따라서는 침묵의 시간을 존중해주고 함께 견뎌주는 것이 필요할 때가 있습니다. 그러면 침묵 중에도 서로 대화하고 있음을 느끼게 됩니다.

UCLA의 심리학과 명예교수 앨버트 메라비언은 대화에서 말의 내용은 7%의 영향력만 행사하며 시각(표정, 몸짓)과 청각(톤, 높낮이)이 나머지 93%의 영향력을 행사한다고 주장했습니다. 즉 대화에서 말의 내용보다 말투, 표정, 태도가 더 중요할 때가 있다는 것입니다. 이와 더불어 침묵도 비언어적 대화의 방식으로 받아들이고 연습해볼 필요가 있습니다.

영어 회화를 배울 때 어색해도 여러 번 반복해서 말해보는 것이 중요하다고 합니다. 침묵의 대화도 처음에는 당연히 어색합니다. 그러나 시기적절한 상황에서 침묵을 여러 번 시도하고 그 속에서 서로 여전히 대화하고 있음을 느낀다면, 관계의 질이 크게 높아질 것입니다. 상대방이 진정으로 하고자 하는 말을 태도에서 느낄 수 있게 되고, 나 또한 진심으로 전하고자 하는 말을 태도를 통해 전달할 수 있게 되니 말입니다.

"침묵은 그 어떤 노래보다 더 음악적이다."

노벨문학상과 퓰리처상을 수상한 펄 벅의 말처럼, 침묵의 대화를 통해 깊은 관계를 경험해보시길 바랍니다.

한 걸음씩 나아간 매일이 모여
내가 된다

하루에 3시간을 걸으면
7년 후에 지구를 한 바퀴 돌 수 있다.
_ 사무엘 존슨

누군가가 저에게 '당신은 걸어서 지구 한 바퀴를 돌 수 있나요?'라고 물어본다면 아마도 저는 '못할 것 같다'라거나 '시간이 오래 걸릴 것 같다'라고 말할 듯합니다. 실제로 계산해본다면 어떨까요? 최근 인공위성과 최첨단 장비로 계산한 지구의 둘레는 약 40,120km로 측정되었습니다. 사무엘 존슨의 계산과 같이 건강한 성인이 하루 3시간(15km)씩 7년을 걸으면 지구 한 바퀴를 도는 셈입니다. 이렇게 생각해보니 의외로 가능한 거리라는 생각이 듭니다.

관점을 바꿔보면 또 한 가지 놀라운 사실을 발견하게 됩니다. 수십 년을 살아오면서 걸어 다닌 시간을 따져보면, 우리가 이미 지구를 한 바퀴쯤은 거뜬히 돌고도 남았다는 것이죠. 이런 사실을 아는 사람이라면 지구 한 바퀴를 돌 수 있냐는 질문에 조금 더 긍정의 대답을 할 것입니다.

우리는 일상에서 조용히 변화하는 것들을 잘 인식하지 못합니다. 그래서 가끔은 짧은 사이에 얼마나 많은 일이 발생하는지 멈춰서 생각해볼 필요가 있습니다. 1분 동안 250명의 아이가 태어나고 100명의 사람이 세상을 떠납니다. 벌은 1만 번의 날갯짓을 하며, 웹상에서는 1억 개의 이메일이 전송됩니다. 지구는 30만 킬로미터를 움직이고, 우주에서는 24만 개의 새로운 별이 탄생합니다. 이렇게 세상의 모든 것은 각자의 일을 하며 이것들이 모여 큰 변화를 만들어냅니다.

우리는 빠르게 변화하는 이 세상 속에서 나만 멈춰 있다고 느낄 때가 많습니다. 하지만 정말 그럴까요? 가만히 있어도 우리는 매 1분 동안 7리터의 공기를 마시고 70번의 심장박동을 만들어냅니다. 12번 눈을 깜빡이고 0.1mL의 새로운 피를 만들어냅니다. '나만 멈춰 있네'라는 생각을 하는 것조차 멈추지 않았다는 증명입니다. 우리의 육체도 정신도 매 순간 끊임없이 움직이고 있습니다.

나만 멈춰 있고, 제자리에 머물러 있다는 생각은 '움직임의 방향성 문제'입니다. 단 한 순간도 멈추지 않는 이 세상과 나 자신의 상태를 먼저 이해하고 받아들인다면, 올바른 방향성을 제시해주는 것이 매우 중요한 일이라는 것을 깨달을 수 있습니다.

지구를 한 바퀴 돌 만큼 큰 변화는 지금 당장 필요하지도 않고 단번에 이룰 수도 없습니다. 7만 번을 나누고 또 나눠서 하루에 딱 한 걸음만 좋은 방향으로 나아가세요. 그 하루가 모여서 우리의 꿈과 희망이 실현되는 것입니다. 지금 이 글을 읽는 순간에도 내 육체와 정신은 멈춰 있지 않다는 사실을 떠올려보세요. 그리고 오늘 나에게 주어진 1,440번의 1분 중 한 번 정도는 내가 나아가야 하는 올바른 방향성을 생각하는 데 사용해보세요. 어느새 제자리에 머물고 있지 않은 것들로 가득 찬 세상이 보이게 될 것입니다.

작지만 즐거운 도전을 쌓아가는 것

어렸을 때는 넘어지는 게 겁이 나지 않지만
어른이 될수록 넘어지는 것에 두려움이 있어요.
_유재석

한 프로그램에서 자전거를 배우고 싶다는 중년의 여성을 가르쳐주는 유재석 씨의 모습이 많은 사람의 가슴을 울렸습니다. 나이가 들어서 자전거를 배우려니 막막함을 보이는 여성분에게 유재석 씨는 끊임없이 용기를 북돋아주고 지지를 보냈습니다. '뒤에서 잡고 있으니 걱정마세요.' '괜찮아요, 넘어지는 게 정상이에요.' '하루아침에는 안 되더라도 하다 보면 결국에 돼요.' '핸들을 컨트롤하듯이 내 두려움을 컨트롤하세요.'

그의 말처럼 우리는 어른이 될수록 도전하는 것에 어려움을 느낍니다. 심리과학에서도 나이가 들수록 새로운 도전이 어렵다는 통계 결과가 있습니다. 최근에 많은 사람으로부터 사랑을 받는 MBTI 성격유형 검사에서도 이를 뒷받침하는 연구 결과를 발표했습니다. MBTI는 사람의 성격을 이해하는데 도움을 주는 심리검사 도구로 총 네 가지 코드를 부여하는데 이 중 두 번째 코드가 '도전과 두려움'에 연관성이 있습니다.

　　두 번째 코드로 부여되는 감각형과 직관형은 다음과 같은 차이가 있습니다. 감각(S)형은 사실적이고 구체적이며 경험에 의존하는 유형으로, 정해진 규칙에 따르는 것을 좋아합니다. 반면 직관(N)형은 변화를 두려워하지 않고 미래지향적인 특징이 있어 새로운 시도가 어렵지 않습니다. 도전이라는 단어에는 직관(N)형이 조금 더 가깝다고 볼 수 있습니다.

　　이 성격적인 특징은 20세까지는 50 대 50으로 비율이 비슷합니다. 하지만 30대가 되면 경험에 의존하는 감각(S)형이 60%로 높아지고, 4-50대에는 70%로 높아집니다. 즉, 나이가 들수록 새로운 가능성에 도전하기보다는 이미 경험했던 것을 바탕으로 살아간다는 것입니다.

나는 지금 어떤 도전을 하고 있는지 생각해봅시다. 혹시 나이를 이유로 자꾸만 미루고 있는 도전이 있지는 않나요? 도전은 '어려운 것을 달성하는 것'이라는 뜻으로 잘 알려져 있습니다만, 사실 이것보다 먼저 오는 도전의 첫 번째 뜻은 '정면으로 맞선다'입니다. 작고 가볍고 재미있고 즐거운 것에 도전해보세요. 유익하고 뿌듯하며 행복을 가져다주는 것, 그렇지만 그동안 하지 못했던 것이 있다면 지금 바로 정면으로 맞서보세요. 작지만 즐거운 도전이 쌓여야 큰 도전을 할 수 있게 됩니다.

어쩌면 유재석에게 자전거를 배운 중년 여성은 성공적인 경험을 바탕으로 또 다른 새로움에 도전하고 있지 않을까 생각해봅니다. 그랬으면 좋겠습니다.

이 길이 아니라면 다른 길로 가면 된다

잘 풀릴 때 무서워한다는 건
브레이크 위에 계속 발이 올라가 있다는 거예요.
언제든 위험한 상황이 생길 때
의연히 대처할 자세가 되어 있다는 뜻이죠.
_ 이영지

이영지는 2002년생의 래퍼입니다. 2019년 고등래퍼라는 프로그램에서 우승하면서 일약 스타가 되었는데, 이후 다양한 TV 프로그램과 SNS, 유튜브를 통해 활발하게 활동하고 있습니다. MZ세대 대표 아이콘으로 등극한 그녀는 톡톡 튀는 개성과 강렬한 에너지 때문에 과하다는 피드백이 많아 호불호가 갈리기도 합니다. 한 강연에서 그녀는 그러한 피드백에 대해 이렇게 이야기합니다.

"맞아요. 저에게는 무모함, 과함, 열등감, 두려움이 있습니다. 하지만 저는 제 자신을 믿기 때문에 이것들을 단점이라고 생각하지 않습니다. 무모함이 있었기 때문에 도전할 수 있었고, 열등감이 있었기 때문에 악을 쓰면서 해낼 수 있었죠."

그렇게 그녀는 자신의 무모함을 계속해서 실천해 나가는 모습을 보여줍니다. 앞머리를 무지개색으로 염색하거나 한 달 만에 10kg을 감량한 것, 엉뚱한 그림의 핸드폰 케이스를 팔아 2억 4천만 원의 수익을 전액 기부한 것도 모두 무모함에서 시작된 일입니다. 그런데 그런 그녀도 자신의 안에 강한 두려움이 있었고, 그 두려움이 커지면 자신만의 방식으로 대처했다고 합니다.

"어릴 때부터 무모해서 발레, 바이올린, 피아노, 댄스, 개그, MC, 학생회장 등 여러 가지에 계속 도전했어요. 그리고 아니다 싶으면 그냥 그만뒀어요."

일이 너무 잘 풀릴 때 무서운 이유는 한순간의 실수로 일을 망쳐버릴까봐 걱정되기 때문입니다. 이런 걱정을 줄여주는 방법으로, 항상 머릿속에 '브레이크에 올려놓은 발'을 그려보는 것입니다. 그리고 언제든 위기 상황이 생기면 이 브레이크를 밟아 멈춰 서면 됩니다. 멈춰야 할 순간에 멈추고 다른 길로 가는 것, 이 대처방안을 미리 마련해두는 것이죠. 이렇게 하면 어떤 일이든 빠르게 대처할 수 있는 준비를 하고 있다는 새로운 관점이 우리 마음을 안심시켜 줍니다. 래퍼 이영지는 아마도 어릴 때부터 이런 과정을 경험적으로 습득했을 것입니다. 항상 브레이크에 발을 올려놓은 상태였기 때문에 오히려 더욱 과감하게 도전할 수 있었고, 최종적으로는 그 결실을 본 것입니다.

일이 잘 풀릴 때 혹시나 잘못될까봐 염려된다면 그것은 자연스러운 감정입니다. 대신 그 감정에 너무 얽매이게 되면 오히려 잘 되던 일도 마무리가 좋지 않을 수 있습니다. 염려되는 마음을 있는 그대로 잘 수용하고, 언제든 브레이크를 밟으면 된다는 점도 기억하세요. 그런 상태라면 보다 과감한 추진력을 얻을 수 있습니다.

자신의 모습을 있는 그대로 인정하고 받아들이는 것이 중요합니다. 래퍼 이영지는 현재의 자신을 잔가지가 많은 묘목으로 표현했습니다. 이런저런 경험을 많이 하고 있지만 아직 부족하기 때문입니다. 그리고 그녀는 자신이 '1000년의 나무'라고 불리는 거대한 바오밥나무가 될 것이라고 믿어 의심치 않습니다. 그렇게 그녀도, 우리도, 조금은 더 쉽게 도전하고 멈추기를 반복하며 자라날 것입니다.

눈앞의 일에 최선을 다한다

성공으로 가는 엘리베이터는 고장입니다.
당신은 계단을 이용해야만 합니다.
한 계단, 한 계단씩.
_ 조 지라드

여기 35세에 인생의 낙오자로 낙인 찍혀 사회에서 격리된 한 사람이 있습니다. 빈민가에서 태어나 아버지로부터 학대를 받으며 자랐고, 고등학교에서는 퇴학을 당했습니다. 특별한 기술이나 자본도 없어 구두닦이, 접시닦이, 신문 배달, 막노동 등 40여 개의 직업을 전전하다 강도질을 해 소년원에 가기도 합니다. 고난과 좌절 앞에서 마지막 희망을 안고 10년간 모아 온 돈으로 사업을 시작했지만 크게 사기를 당해 신용불량자가 되어버립니다.

다시, 여기 세계적인 잡지사 포브스지에서 '세기의 슈퍼 세일즈맨'으로 선정된 사람이 있습니다. 12년 연속 기네스북에 오르는 전무후무한 기록을 세운 그는 1963년부터 1977년까지 15년간 총 1만3001대의 신차를 팔았습니다. 이는 당시 북미 대륙 신차 판매량의 95%를 차지하는 엄청난 숫자로 미국 '자동차 명예의 전당'에 오르며 세계적으로 이름을 날립니다. 그는 백발이 성성한 모습으로 전 세계를 돌아다니며 사람들에게 꿈과 희망을 전해주다가 세상을 떠났습니다.

두 이야기가 너무나 상반되지만 모두 한 사람, 바로 조 지라드의 일화입니다. 그가 다른 이름난 동기부여 세일즈 강사들보다 인기가 좋은 이유는, 그가 제시하는 성공의 법칙들이 단순히 이론적인 내용이 아니라 그가 직접 경험으로 얻어낸 것들이기 때문입니다. 가장 낮은 바닥에서부터 가장 높은 곳에 이르기까지 성공의 표본이 된 그는 사람들에게 1:250의 법칙을 강조합니다. 한 사람의 영향력이 250명에게까지 미친다는 것입니다. 즉 한 사람을 사로잡기 위해서는 그 사람을 250명 대하듯이 해야 한다는 것입니다.

그렇기 때문에 조 지라드의 입장에서는 성공으로 향하는 간편한 엘리베이터 같은 건 존재하지 않습니다. 혹독한 시련 속에서도 매일 성실히, 순간에 최선을 다하면서 고객을 응대했기 때문에 그에게 삶은 계단이었습니다. 그리고 마침내 남들보다 높은 곳에 올라왔음에도 변함없이 최선을 다하는 태도로 임하여, 지금까지도 대체 불가능한 기네스북 기록을 가지게 된 것입니다.

조 지라드의 공식 홈페이지에 가면 가장 먼저 눈에 띄는 글귀가 있습니다. 바로 'One at a time(한 번에 하나씩)'입니다. 가고자 하는 길이 맞다면 오늘 하루 동안에는 딱 한 계단만 올라가면 됩니다. 그것이 최고의 자리에 오른 사람이 우리에게 전하는 성공의 메시지입니다. 그러니 결코 서두를 필요가 없습니다. 우리는 모두 할 수 있습니다.

꿈을 현실로 끌어당기는 작은 요령

어떤 사람은 꿈속에서 살아가고,
어떤 사람은 현실 속에서 살아간다.
그리고 어떤 사람은 꿈을 현실로 바꾸며 살아간다.
_ 더글라스 에버렛

제 학창 시절을 한마디로 표현하자면 '삼 분의 일'이라고 할 수 있습니다. 성적이 최상위권은 아니었지만 삼 분의 일 정도인 중상위권에는 들었습니다. 학원에서도 최상위 반은 아니었지만 두 번째 반에는 들었고, 농구나 축구도 1군과 2군을 왔다 갔다 할 정도의 중상위급 실력이었습니다. 물론 공부와 운동을 열심히 하기도 했습니다. 졸음을 참아가며 새벽까지 공부했었고, 주말이면 혼자서 슈팅 연습도 많이 했습니다. 그렇지만 실력은 언제나 삼 분의 일 지점을 넘기지 못했습니다. 정말 열심히 했는데도 왜 그랬을까요?

　많은 사람이 정말 열심히 무언가를 시도하지만, 반드시 그만큼의 만족스러운 결과가 따라오지는 않습니다. 공부도, 사업도, 장사도, 다이어트도 그렇습니다. 지금 눈앞의 일을 열심히 하다 보면 될 거라는 '현재식 관점'으로 하루하루를 열심히 살아가는데, 투입한 노력에 비해 결과가 부실하다면 자존감이 떨어지고, 자신의 역량을 탓하게 되며, 결국 포기로 이어집니다. 성과가 나지 않을 때 자신을 탓하는 것은 부정적인 심리적 습관입니다. 이 습관에서 벗어남과 동시에 '미래식 관점'을 가지는 것이 필요합니다.

　미래식 관점은 성공한 모습을 먼저 떠올려보고 그것을 이루기 위해 거꾸로 지금 어떤 행동을 해야 하는지에 대해 계획해보는 관점의 전환입니다. 일례로 수원에 사는 사람이 저녁 7시에 광화문에서 약속이 있다면 미래식 관점으로 현재에 무엇을 해야 할지 준비합니다. 약속에 늦지 않기 위해 여유 있게 6시 40분에는 광화문역에 도착해야 하고, 대중교통 이용 시간, 환승 시간, 정류장까지 가는 시간, 날씨나 차량정체, 퇴근 시간 맞물림 등을 거꾸로 헤아려보면서 최종적으로 집에서 5시에는 출발해야 한다는 결과를 도출하는 것입니다. 이렇게 미래식 관점을 가지게 되면 노력 대비 성공이 확연히 좋아집니다.

저는 대학교 시절 미래로부터 거슬러 계획해보는 미래식 관점이 공부에 효과적이라는 것을 몸소 깨닫고 적용하기 시작했습니다. 그 결과 성적향상에 큰 도움을 받았습니다. 이런 경험 후에는 1개월, 6개월, 1년, 5년, 10년 뒤에 합당한 성과를 얻기 위해 지금 무슨 일을 해야 할지에 대해 미래식 관점으로 생각하고 실천하고 있습니다.

매일 열심히 살아가는 것은 자동차의 액셀 페달을 밟는 것과 같습니다. 시원한 소리를 내며 앞으로 나아갈 수 있지만 트랙은 언제나 커브가 있기 마련입니다. 무작정 앞으로만 가면 트랙을 완주할 수 없습니다. 미래식 관점은 핸들과 같습니다. 내가 원하는 모습을 달성하기 위해 지금 어느 방향으로 핸들을 꺾어야 하는지를 알려줍니다. 이 두 가지가 충족되었을 때 비로소 우리는 원하는 목표를 달성할 수 있게 됩니다.

꿈을 현실로 바꾸지 못하는 것은 내가 부족해서가 아닙니다. 그저 작은 요령이 하나 더 필요했을 뿐입니다. 스스로 자책하지 말고, 잠재력을 한계 속에 가두지 말고, 오늘의 새로움을 통해 다시 한번 나아가보세요.

세상의 그 어떤 일도 의미가 없는 일은 없습니다.

내가 하는 일이 무의미하게 느껴진다면,

사실 변화해야 할 것은 그 일이 아니라 나의 생각과 태도입니다.

일을 바라보는 나의 관점을 조금만 바꾸면,

결코 무의미한 일은 없다는 것을 알 수 있습니다.

오늘 내가 한 가장 무의미한 일을 떠올려보고

거기에 새로운 의미를 심어보세요. 거기서부터 변화가 시작됩니다.

5장
◆
인생을
행복으로 물들이는 한마디

마음의 통증을 해소하는 생각법

만약 당신이 한 번도
두렵거나 굴욕적이거나 상처 입은 적이 없다면,
아무런 위험도 감수하지 않은 것이다.

_ 줄리아 소렐

1970년대 발달심리학자 존 플라벨은 메타인지라는 용어를 만들었습니다. 메타인지는 인지함을 인지하는 것, 자신이 무엇을 모르고 무엇을 아는지에 대해 마치 제삼자의 눈으로 관찰하듯 판단할 수 있는 능력입니다. 우리나라에서 메타인지는 학습법으로 유명해졌는데, 스스로 아는 문제와 모르는 문제를 관찰하고 구분하는 연습을 하는 것입니다. 그래서 모르는 문제만 집중적으로 공부하는 효과적인 학습법으로 활용되고 있습니다.

그런데 이 메타인지는 공부할 때뿐만 아니라 관계를 맺을 때도, 일할 때도, 심지어는 놀 때도 중요합니다. 새로운 관점을 통해 우리 삶의 통제감을 높여주고 더 나은 선택을 하도록 이끌어주기 때문입니다.

일례로, 저는 비가 오는 날이면 기분이 처지곤 했습니다. 그래서 아침에 일어났을 때 날이 우중충하고 비가 온 자국이 있으면 활력 없이 하루를 시작했습니다. 그런데 한번은 어머니께서 비가 오는 것을 보고 이런 말씀을 하셨습니다. '그래, 비가 와야 나무도 자라고 꽃도 피고 하지.' 이 말을 듣고 나서는 새로운 관점으로 비 오는 날을 바라볼 수 있게 되었습니다. 나무들의 키가 얼마나 자랄지, 잎사귀는 얼마나 푸르게 돋아날지, 생명과 창조의 관점을 생각할 수 있게 된 것이죠.

메타인지를 통해 자기 모습을 바라보면서 생각, 말, 행동, 감정, 태도를 새롭게 해석하는 것은 우리 삶에 활력을 불어넣어 줍니다. 줄리아 소렐도 그런 관점에서 두려움, 굴욕, 상처를 새롭게 바라봤습니다. 두렵거나 굴욕적이거나 상처받은 일을 두 번 다시 경험하고 싶지 않은 일로 해석했다면, 나의

모습을 메타인지의 관점으로 관찰하고 그 일이 과감한 도전정
신과 용기 있는 실천으로부터 생긴 영광의 상처로 바라보도록
도와줍니다.

통각상실증이라는 희귀병이 있습니다. 뼈가 부러지고 화
상을 입어도 고통을 느끼지 못하는 병입니다. 한 어린이는 2
년 사이 발목이 열두 번이나 골절되고 정강이뼈가 부러졌음에
도 퉁퉁 붓기 전까지 그 사실을 알지 못하였습니다. 이런 사례
를 본다면 통증은 무조건 피하고 싶은 것이 아니라 우리 몸의
경보이자 우리를 살리는 중요한 감각이라고 새롭게 해석할 수
있습니다.

이 통증은 우리의 마음에도 존재합니다. 동양에는 앞서
말한 희노애락애오욕이 있고, 서양에는 기쁨, 수용, 두려움,
놀라움, 슬픔, 혐오, 분노 기대라는 8가지 기본정서가 있습니
다. 긍정적인 것과 부정적인 것으로 나뉘어 있는데, 둘 다 삶
에 반드시 필요한 정서들입니다.

그래서 우리가 삶을 긍정성으로만 살아간다면 반쪽짜리

삶을 사는 것일지도 모르겠습니다. 오히려 더 건강한 삶이라면 다양한 감정들을 개방적인 태도로 수용하는 삶일 것입니다. 부정적인 감정도 때에 따라서는 성장통으로 해석하며, 잘못된 일은 반면교사 삼아 더 나은 행동을 하는 계기가 되어야 합니다.

지금 가장 크게 느끼고 있는 마음의 통증은 무엇인지 생각해봅시다. 그리고 그것을 새로운 관점에서 해석해봅시다. 생각의 관점을 바꾸는 작은 연습이 우리의 삶을 더욱 편안하고 건강하게 바꿔줄 것입니다.

유연한 태도가
마음을 편안하게 한다

가장 훌륭한 인간은 모든 사람을 사랑하는 사람이다.
그 사람은 좋고 나쁨을 가리지 않고
모든 사람에게 선을 베푸는 사람이다.
_ 무함마드

3초의 법칙이라는 말이 있습니다. 우리가 처음 누군가를 만났을 때 그 사람을 판단하는 시간이 3초라는 뜻입니다. 그런데 놀랍게도 다트머스대 심리학과 폴 왈렌 교수의 연구에 의하면, 우리 뇌는 단 0.017초 만에 사람에 대한 호감도와 신뢰도를 판단한다고 합니다. 그만큼 우리는 자동화된 사고의 틀 안에서 세상을 살아간다는 뜻입니다.

우리가 누군가를 판단하게 되는 것은 지극히 짧은 순간

일어나는 자동적인 뇌의 처리결과이니 그것을 거스르는 것은 정말 어려운 일입니다. 개방적인 관점으로 세상을 바라보는 것은 0.1초에 불과한 뇌의 처리 과정을 바꾸는 일입니다. 무함마드가 말하는 판단 없는 보편적인 사랑의 태도도 마찬가지 아닐까요? 사람을 0.1초의 그 어떤 판단도 없이 사랑의 태도로 대한다는 것은, 무함마드조차도 가장 훌륭한 인간상으로 표현하는 아주 어려운 일입니다. '천리 길도 한 걸음부터'라는 말이 있듯 하나하나 해 나가는 노력이 필요합니다.

사실 무함마드뿐만 아니라 대부분의 종교적 인물들은 보편적 사랑을 인류에 있어 가장 핵심적인 단어로 선정하고 있습니다. 그리스도교에서 강조하는 '네 이웃을 사랑하라', '원수를 사랑하라'라는 말도 결이 같습니다. 이처럼 보편적인 사랑에 관한 이야기는 언제나 우리 주변에 있습니다. 그러나 성인이 되면서 누군가를 사랑하는 것은 둘째 치고, 그 사람을 편견 없이 바라보기조차도 너무 어렵다는 것을 몸으로 체감하게 됩니다. 고정관념을 내려놓기 위해서는 세 단계가 필요합니다. 먼저 내가 고정관념을 갖고 있었음에 대한 알아차림이 필요합니다. 알아차리지 못하면 변화를 시작할 수가 없습니다.

그래서 가장 먼저 내 생각과 말과 행동을 돌아보고 확인해봐야 합니다. 두 번째로 그런 나의 부족한 모습을 순순히 받아들여야 합니다. 고정관념을 알아차렸지만, 그것을 받아들이지 않으면 변화해야 하는 대상이 없는 셈입니다. 변화를 위해서는 변화가 필요한 상태임을 인정해야 합니다. 세 번째로 실제적인 알아차림과 변화의 움직임이 필요합니다. 찰나의 순간, 나도 모르게 누군가에 대해 판단을 내릴 수 있습니다. 그것을 알아차린 뒤에 곧바로 그 판단을 내려놓고, 개방적이고 유연한 관점으로 대상을 바라보는 연습이 필요합니다.

예를 들어 운전하고 가는 중에 갑자기 위험하게 끼어드는 자동차를 만났다고 상상해봅시다. 대개 '저 사람은 운전을 어떻게 하는 거야!' 하며 불쾌한 마음이 들겠지만, '가족이 위급한 상황인가?'라고 생각한다면 오히려 내 마음이 편해지는 것입니다. 더 나아가 '저 사람의 긴박한 일이 잘 해결되었으면 좋겠다'하는 마음을 가진다면 무함마드가 말하는 가장 훌륭한 인간상의 경지에 올랐다고 볼 수도 있습니다.

처음부터 무작정 사랑하기는 힘들지만, 나 자신의 평안

함을 위해서도 고정관념을 내려놓는 연습은 삶에 도움이 될 것입니다. 자, 이제 한 걸음 내딛기 위해 가장 가까운 사람에게 사랑의 눈빛을 전하는 연습부터 해보면 어떨까요?

휘둘리지 않고 자신 있게

다른 모두가 좋아하는 것을 당신이 좋아하지 않는다고 해서
자신감과 자존감을 떨어뜨릴 필요는 전혀 없습니다.

_ 엠마 왓슨

우리나라는 오래전부터 관계주의 문화를 형성하고 있습니다.
점심시간에도 팀장님이 짜장면을 시키면 다른 팀원들도 모두
짜장면을 먹는 문화였고, 심지어는 음식점 사장님이 같은 것
을 시키면 빨리 나오니 메뉴를 통일하라고 권유하기도 했습니
다. 나의 선택이나 의사와는 상관없이 다른 사람들의 견해에
따르는 문화 속에 있다 보니 진짜 내 마음대로 할 수 있는 일
이, 스스로 선택지를 만들고 결정하는 일이 상대적으로 적은
시대를 살아온 것입니다.

요즘에는 여러 매체에서 MZ세대는 개성이 강하며 자기 자신을 우선시한다고 말합니다. 하지만 여전히 아닌 사람들도 많습니다. 오히려 MZ세대이기 때문에 나의 개성을 적극적으로 드러내야 할 것 같고, 어색하고 불편하더라도 나의 의견을 당차게 말해야 할 것 같아 고민인 사람들도 있습니다. 결국 이 또한 MZ세대라는 이름으로 묶인 관계주의의 연장선으로 볼 수 있습니다.

다른 사람들이 좋아하는 것을 내가 좋아하지 않을 때 분명한 간극이 생깁니다. 예를 들어 축구를 좋아하는 친구들 사이에서 축구에 관심이 없는 나는 대화에 끼어들기가 어렵고 소외감을 느낄 수 있습니다. 힙합, 드라마, 예능처럼 대화 주제로 많이 언급되는 것들에 관해서는 관심이 없다 하더라도 관심을 가져야만 할 것 같은 압박감을 받기도 합니다. 영업직이나 대기업에 다니면 골프를 쳐야만 할 것 같고, 벤처기업에 다니면 환경보호에 관심을 보이거나 독서 모임에 들어야만 할 것 같은 압박감을 많이 받습니다.

다른 사람들이 관심을 두고 좋아하는 모든 것에 관심을

보일 수도 없고, 보이지 않아도 됩니다. 중요한 것은 다른 선택을 했을 때 생기는 불안하고 초조한 마음을 잘 다스려서 보다 건강한 내가 되는 것입니다.

TvN 〈윤식당2〉는 스페인 가라치코라는 작은 마을에서 한식당을 운영하는 예능으로, 해당 방송사 자체 최고 시청률을 기록하며 인기를 끌었습니다. 소소한 삶의 모습과 여유로운 풍경이 보는 이들에게 힐링이 됐다고 생각합니다. 저도 재미있게 시청하면서 크게 인상적이었던 것이 하나 있습니다. 바로 식당에 찾아온 손님 대부분이 메뉴를 천천히 살펴보고 신중하게 결정하는 모습이었습니다. 보통 1-2분 안에 메뉴를 결정하는 우리의 풍경과는 대조적이었습니다. 왜 메뉴를 고르는 모습에 차이가 있을까, 하는 궁금증이 들었습니다.

그 해답은 문화에 있습니다. 개인주의 문화는 자기 자신이 삶의 중심이라고 생각하기 때문에 다른 사람을 신경 쓰지 않고 마음 내키는 대로 행동합니다. 메뉴를 꼼꼼히 살펴보는 것도 마찬가지죠. 우리는 서로 배려하는 관계주의 문화라서 행동을 할 때 항상 다른 사람을 염두에 둡니다. 식당에서도 기

다리는 점원을 신경 쓰거나 함께 온 일행의 기호를 고려해서
메뉴를 선택하죠.

살면서 메뉴를 처음부터 끝까지 꼼꼼히 살펴본 적이 얼
마나 있을까요? 저는 가끔 오랜 시간을 들여 메뉴를 꼼꼼히 보
곤 합니다. 내가 지금 정말 무엇을 먹고 싶은지, 이름이 어려
운 이 메뉴는 어떤 재료로 만드는지 검색해보기도 합니다. 다
른 사람이 신경 쓰이기도 하지만 그것도 그때뿐입니다. 우리
의 삶은 조금 더 자기 자신이 중심이 되어야 합니다. 다른 사
람의 눈치를 보다가 자신을 돌볼 기회를 놓치지 마세요. 내가
진짜 먹고 싶은 것, 내가 진짜 원하는 것을 고민해서 선택한다
면 그것이야말로 자존감을 높이고 나를 사랑하는 가장 쉬운
방법이 아닐까요?

최근 제 주변에는 등산하는 사람들이 많아졌습니다. 대
화 주제로 등산이 단골로 등장하지만 저는 여전히 등산을 가
지 않고 있으며 나만의 동네 카페에서 차 마시기를 선택하고
있습니다. 관심이 없다면 유행하는 옷이나 화장품을 사지 않
아도 괜찮습니다. 다른 사람의 기준에 맞춰서 살아가기에는

우리의 존재가 너무나 소중하기 때문입니다. 다른 사람들이 하지 않는 방식을 해도 괜찮습니다. 머리가 시키는 대로 하는 것이 아니라 마음이 내키는 대로 해봐도 좋습니다. 진짜 내 마음의 소리를 듣고 선택한다면 최고의 선택이 아니더라도 나를 살리는 선택이 될 것입니다.

우주 속 나라는 소중한 존재

지구는 우주에 떠 있는
하나의 창백한 푸른 점이다.
_ 칼 세이건

지구에 있는 모래알이 많을까? 우주에 있는 별이 많을까? 하는 질문에는 놀랍게도 정답이 존재합니다. 호주 국립대의 사이먼 드라이버 박사 연구팀에 따르면 지구상의 모래알은 100해 개, 우주의 별은 700해 개 정도라고 합니다. 즉 하늘에 떠 있는 별이 지구의 모래보다 감히 헤아릴 수 없이 많았습니다. 특히 700해 개의 별도 현대 망원경으로 관측 가능한 별만을 대상으로 하기 때문에 실제로는 이보다 훨씬 더 많은 별이 존재할 것이라고 말합니다.

지구에 있는 모래알도 적은 것은 아닙니다. 성인 남자가 두 손으로 모래를 한 움큼 쥐면 그 안에 800만 개의 모래알이 들어간다고 합니다. 거대한 사막이나 바닷속 모래까지 생각한다면 전부를 헤아리기 어려운 숫자입니다. 우주의 별이나 지구의 모래 이외에도 수많은 들판의 꽃, 수 조 그루의 나무에서 매년 새롭게 자라나는 가지각색의 나뭇잎, 눈에 보이지 않는 작은 물방울들이 뭉쳐 만들어내는 하얀 구름 등 자연의 거대함은 모두 헤아리기 어렵습니다.

우주의 또 다른 이름 '코스모스'라는 제목으로 역사상 가장 많이 읽힌 과학책을 쓴 칼 세이건은 우주의 탄생부터 은하계, 태양, 외계 생명으로 내용을 채우다가 마지막 챕터에서 사람을 다룹니다. 그는 책 속에서 사람을 이렇게 표현했습니다. '10억의 10억 배의, 또 10억 배의, 그리고 또 거기에 10배나 되는 수의 원자들이 결합한 하나의 유기체.' 이 문장을 통해 칼 세이건이 우주를 바라보듯이 사람을 바라보았다는 것을 알 수 있습니다.

폭넓은 사고를 하고 싶을 때에는 두 가지 관점을 가져볼 수 있습니다. 하나는 우주 중심적 관점입니다. 지구를 넘어, 태양계를 넘어, 은하를 넘어 저 광활한 무한의 우주의 관점에서 사람을 바라본다고 생각하는 것입니다. 우주 중심적 관점에서 우리는 표현할 수 없을 만큼 작은 존재가 됩니다. 따라서 '지금 내가 이런 사소하고 작은 일에 너무 신경 쓰고 있는 것은 아닐까? 이런 일로 스트레스받을 필요가 있을까?' 하며 거시적으로 세상을 바라볼 수 있습니다.

다른 하나는 세포 중심적 관점입니다. 우리 몸은 30조 개의 세포로 이루어져 있고 500조 마리 이상의 미생물이 더불어 살고 있습니다. 매 1초마다 380만 개의 세포가 태어나고 죽습니다. 하루로 환산하면 매일 3300억 개의 세포가 교체되는 것입니다. 30조 개의 세포들이 만나서 아주 정교한 내가 만들어졌습니다. 놀라운 신비로 탄생한 나를 떠올리며 '이런 나라면 조금 더 소중히 여겨야겠어', '무한한 존재인 나에게는 무한한 가능성이 있어'와 같은 새로운 관점을 가져볼 수 있습니다.

우주 중심적 관점이든 세포 중심적 관점이든 그 시야의 끝에는 나 자신이 있습니다. 나는 그만큼 위대하고 소중한 존재입니다.

새로운 사람은 새로운 관점으로

어떤 사람을 싫어한다는 것은
그 사람에 대해 알 시간이 없었다는 것이다.
_ 에이브러햄 링컨

우리는 태어나면서부터 가족을 이루고, 세상을 살아가면서 유치원, 학교, 회사 등 수없이 많은 집단 안에서 크고 작은 영향을 받으며 성장합니다. 그래서 인맥 형성의 중요성을 알게 모르게 느끼며 자랍니다. 사회구성원으로서 자리매김할 즈음이면 인맥의 힘을 체감하기 시작합니다. 그리하여 더 좋은 관계를 맺고자 노력하고 더 넓은 인맥을 형성하고자 힘을 씁니다.

그러나 인맥 형성을 목표로 두고 에너지를 쏟다 보면 다양한 부작용을 겪게 됩니다. 무리한 일을 부탁받아도 인맥을 유지하기 위해 거절하지 못하고, 관심 없는 모임에 억지로 참석하는 일들이 그렇습니다. 내가 무리해서 형성한 인맥은 나에게 유익하다고 볼 수 없습니다. 그것을 유지하기 위해 계속 무리를 해야 하니까요. 또, 그런 관계 대부분이 너무 쉽게 끊어져버리기도 합니다. 필요에 의해 맺은 관계는 그 강도가 약하기 때문입니다. 그래서 우리는 필요한 인맥을 맺는 것이 아니라 순수한 관계를 맺어야 하고, 그렇게 탄탄한 인맥을 만들어 나가야 합니다.

순수한 관계를 맺기 위해서는 서로가 조건 없이 온전히 자신을 내어주는 모습이 되어야 합니다. 도움을 줄 때는 보상을 바라지 않고, 어떤 말을 들어도 나의 잣대로 판단하지 않으며, 아낌없이 축하해주는 친구가 되어주는 것입니다. 이런 관계에는 직업, 지위, 역할을 따질 필요가 없습니다. 학창 시절 같은 반 친구들이 오랜 인생의 벗이 되는 이유는 순수한 관계에서부터 출발했기 때문입니다. 성인이 된 후에는 그러한 관계를 이루기가 어려워집니다. 사회에서 만난 사람들과의 관계는 직업, 지위, 역할을 가지고 시작하기 때문입니다.

그러므로 우리에게는 상대를 보는 새로운 관점이 필요합니다. 유연하고, 개방적이며, 편견 없이 상대방을 바라볼 때 진정한 인간으로서의 상대를 발견하게 되고, 그 시점부터 상대방과 깊고 진지한 관계를 맺을 수 있게 됩니다.

내게 맞는 일을 찾는 여정

사람들이 일에서 행복하기 위해서는
적성에 맞아야 하고, 너무 많이 해서는 안 되며,
성취감을 얻을 수 있어야 한다.

_ 존 러스킨

심리학자로서 사람들에게 꾸준하게 듣는 질문이 있습니다. 바로 '지금 제 일이 저에게 맞는 걸까요?', '아직도 어떤 일을 해야 할지 잘 모르겠어요'와 같은 것들입니다. 그런데 어떤 측면에서 보면 이런 질문들은 당연할지 모르겠습니다. 학교에 다니는 십수 년 동안 누가 알려주는 것도 아니고, 또 나이가 든다고 자연스럽게 알게 되는 것도 아니기 때문입니다.

적성은 긴 시간의 경험을 통해 자신의 흥미와 능력을 발견하고 깨달아야 하는 것입니다. 사람들이 자신의 적성을 고민하고 찾아가기 시작한 것은 얼마 되지 않았습니다. 우리나라를 포함하여 전 세계의 대다수의 나라가 100년 전, 200년 전만 해도 신분 사회에 살았기 때문에 계급에 따라 정해진 일을 할 뿐 적성을 고민할 필요가 없었습니다. 그래서 지금 우리가 적성을 찾아가기 위해 다양한 방면으로 탐구하고 있는 최초의 인류인 셈입니다.

심리학에서는 자신의 적성을 찾는 데 도움이 되는 몇 가지 기준을 제시합니다. 그 첫 번째는 자신이 좋아하는 활동이나 관심 있는 분야에 기반해서 직업과 진로를 생각해보는 것입니다. 고용노동부에서 운영하는 직업정보 사이트에서는 국민의 적성파악을 위해 무료심리검사를 제공해줍니다. 'Holland'라는 개인의 흥미와 진로에 연관성을 둔 심리검사인데, 내가 어떤 일과 잘 맞는지 알아볼 수 있습니다.

두 번째는 스타일입니다. 최근 심리학에서는 일하는 유형을 두 가지로 구분하고 있습니다. 딱 맞는 적성을 찾아야만 열정을 가지고 일을 시작하는 적합 이론가(Fit theorist)와 일단 어떤 일이든 시작하면서 점차 열정을 가지고 자신의 적성을 개발하는 개발 이론가(Develop theorist)입니다. 전자인 적합 이론가는 여러 가지 일을 해봐야 하므로 자주 직무나 직업을 바꿀 수 있는 환경이 필요합니다.

이런저런 일을 경험하다가 한 가지 일에 정착한 사람이 적합 이론가일 확률이 높습니다. 후자인 개발 이론가는 일하는 여정에서 여러 가지 경험을 하며 서서히 의미를 찾아가기 때문에 개방적인 태도로 다양한 직무를 경험해보는 것이 필요합니다.

내가 어떤 것에 흥미가 있으며 어떤 스타일의 사람인지 곰곰 생각해본다면 앞으로 우리가 나아가야 할 방향이 조금은 명확해지지 않을까 생각해봅니다. 이제 일은 목적지가 아니라 여정이자 도구입니다. 일을 통해 보람을 얻고 가치를 실현하는 우리가 되기를 바랍니다.

모든 것이 무의미하게 느껴질 때

그 하룻밤, 그 책 한 권,
그 한 줄로 혁명이 가능해질지도 모른다.
그렇다면 우리가 하는 일은 무의미하지 않다.
결코 무의미하지 않다.

_ 프리드리히 니체

미국의 기상학자이자 MIT 교수인 에드워드 노턴 로렌즈는, 1972년 황당한 제목의 논문을 발표합니다. 바로 '브라질에 있는 나비의 날갯짓이 미국 텍사스에 토네이도를 발생시킬 수 있을까?'입니다. 여기서 잠깐, 브라질에서 텍사스까지의 거리는 약 7,240km로 서울에서 부산을 11번 왕복할 수 있는 거리입니다. 그러니까 서울에서 누가 재채기를 했는데, 그 바람이 서울에서 부산까지 11번 왕복하면서 거대한 토네이도로 변해 서울을 덮칠 수 있느냐는 질문입니다.

로렌즈 교수의 대답은 '그렇다'였습니다. 실제로 그가 기상관측 시뮬레이션을 진행했을 당시 초기값을 반올림하여 입력했더니 결과가 아주 맑음에서 천둥 번개로 바뀌는 놀라운 경험을 했기 때문입니다. 이 시뮬레이션을 바탕으로 그는 단 0.0001에 불과한 사소한 차이에도 완전히 다른 결과가 나타날 수 있다는 것을 논문으로 발표하였고, 이를 나비 효과라 명명했습니다.

나비 효과와 눈덩이 효과를 혼동하는 사람들이 종종 있습니다. 눈덩이 효과는 작은 눈덩이를 산비탈에서 굴리니 점점 크게 불어나는 모습으로, 작은 시작이 점점 더 빠르게 커진다는 말입니다. 나비 효과는 오늘의 작은 차이가 미래에 큰 차이를 만들 수 있다는 것이지, 미래를 예측하는 것은 아닙니다. 운이 좋으면 긍정적인 결과가, 운이 나쁘면 부정적인 결과가 되는 것이죠. 그래서 어쩌면 눈덩이 효과보다 우리의 인생을 더욱 잘 표현한 이론이 아닐까 싶습니다. 인생은 한 치 앞도 예측할 수 없으니까요.

철학자 니체는 나비 효과의 관점에서 단 한 줄의 글만으로도 큰 변화가 일어나는 데 동의하고 있습니다. 또 그가 말하고 있는 혁명이 긍정이 될지, 부정이 될지는 모르지만 그 자체로는 의미가 있다고 이야기합니다. 그렇다면 미래는 예측하기 어렵기 때문에 막살아도 되는 것일까요? 제 대답은 이렇습니다. 어떻게 사느냐가 아니라 어떻게 보느냐가 중요하다고. 똑같은 경험을 해도 어떻게 보고 어떻게 해석하느냐가 나비효과를 눈덩이 효과로 전환하는 핵심이 됩니다.

우리는 살면서 어떤 일은 의미가 있고, 어떤 일은 별 의미가 없다고 판단합니다. 예를 들어 소방관이 불을 끄고 아이를 구하는 일은 큰 의미가 있다고 생각하면서, 반대로 공장에서 반복적인 노동을 하는 것에는 별 의미가 없다고 생각할 수 있습니다. 그러나 세상의 그 어떤 일도 의미 없는 일은 없습니다. 내가 하는 일이 무의미하게 느껴진다면, 사실 변화해야 할 것은 그 일이 아니라 나 자신의 생각과 태도입니다. 일은 언제나 그 자리에 있습니다. 그 일을 바라보는 나의 관점을 0.0001만 바꾸면, 무의미한 일은 결코 없다는 것을 알 수 있습니다. 오늘 내가 한 가장 무의미한 일을 떠올려보고 거기에 새로운 의미를 심어보세요. 거기서부터 변화가 시작됩니다.

한계를 돌파하는 생각의 힘

사람들은 저마다 자기 안에 수용소를 갖고 있다.
_빅터 프랭클

유대인인 빅터 프랭클은 2차 세계대전 당시 나치 강제 수용소에서 참혹한 고통을 겪은 피해자입니다. 잠을 잘 공간도 충분치 않은 좁은 공간에 사람들끼리 옆으로 몸을 겨우 뉘어 딱 붙어 선잠을 잤고, 시궁창 청소 일을 하다가 오물이 얼굴에 튀어도 닦을 물이나 천이 없었습니다. 먼저 죽은 사람이 남긴 감자 한 조각을 서로 차지하기 위해 혈투를 벌이는 일이 난무하던 그곳에서 빅터 프랭클은 결국 아내와 가족의 죽음을 지켜보게 됩니다.

셀 수 없이 많은 사람이 수용소 안에서 죽어 나갔고, 살아 있어도 삶의 의미를 잃은 채 하루하루를 겨우 연명했습니다. 전쟁이 끝나고 수용소에서 풀려난 빅터 프랭클은 자신의 경험담을 책으로 출판합니다. 우리나라에서는 '죽음의 수용소에서'라는 제목으로 출간됐지만 원제는 '그럼에도 불구하고 삶은 살 만하다고 말할 수 있다'입니다. 극한의 상황 속에서 과연 무엇이 그를 살게 했을까요?

빅터 프랭클은 고통이 아무리 크더라도 삶의 의미를 찾아낸다면 이겨낼 수 있다고 말합니다. 그가 창시한 심리치료의 이름도 의미치료(Logos therapy)이니 그럴 만합니다. 우리가 삶의 무의미함을 가장 크게 느낄 때는 나아가야 할 목표와 희망을 잃어버렸을 때입니다. 목표가 없으니 우왕좌왕 방황을 하게 되고, 곧 희망도 잃게 되는 것입니다.

목표와 희망을 잃어버리는 이유는 실패를 경험해서가 아니라 자기 자신을 실패자로 규정했기 때문입니다. 목표를 조금 높게 잡았다가 실패하게 되면 실패감에 빠지는 것은 아주 자연스러운 현상입니다. 실패했기 때문에 화도 나고 우울해지는 건 아주 괜찮습니다. 누구라도 중요한 목표에 실패하면 그런 감정을 느끼기 때문입니다. 그렇지만 그 이후에도 계속해서 자기 자신을 깎아내리며 스스로를 실패자로 규정짓는 것은 삶의 의미를 잃게 만드는 일입니다.

빅터 프랭클은 그런 의미에서 사람들은 저마다 자기 안에 수용소를 갖고 있다고 말합니다. 그 수용소 안에 갇혀 사는가, 자유롭게 나와 사는가는 전적으로 스스로의 판단에 달려 있다고 강조합니다. 우리가 한계에 부딪혔다고 생각할 때 그 한계는 사실 우리 스스로가 만들어낸 것일 수 있다는 것입니다.

일례로 배니스터 이야기를 들 수 있습니다. 그리스 아테네에서 제1회 올림픽이 열렸을 때 당시 의료계나 과학계에서는 인간이 1마일(1.6km)을 4분 안에 들어올 수 있느냐에 대해 격렬한 논쟁을 벌였습니다. 학계에서는 심장과 허파가 파열되고 근육과 인대, 힘줄이 끊어지는 사태가 벌어질 것이라며 절대 불가능하다고 단언했습니다. 1마일 주파 세계 기록은 1864년 4분 50초에서 1945년 4분 1초까지로 줄어들었지만,

마지막 1초를 줄이는 것은 불가능한 것으로 여겨졌습니다.

그러던 와중 로저 배니스터라는 한 대학생이 1954년 3분 59초 4의 기록을 세우며 이 불가능하다는 믿음을 깼습니다. 그러자 1년 후에 37명이 4분의 기록을 깼고, 2년 후에는 300명의 선수가 4분의 기록을 깨버립니다. 현재 1마일 주파 최고 기록은 3분 43초입니다. 결국 1마일 4분의 불문율은 인간의 한계가 아니라 우리 자신이 만들어낸 머릿속의 한계였던 것입니다. 그래서 우리가 한계에 부딪히고 있다고 느낀다면 새롭게 우리 자신을 정의하는 것이 필요합니다. '나는 안 돼'에서 '저 사람이 한다면 나도 할 수 있어'로 말입니다. 누군가 할 수 있다면 나 또한 할 수 있습니다.

스트레스도 잘 관리하면
활력이 된다

고통은 인간의 위대한 교사이다.
고통의 숨결 속에서 영혼은 발육된다.
_ 에센 바하

스트레스에서 벗어나는 법에 대해 알려달라는 이야기를 들을
때마다 저는 이렇게 대답합니다.

"스트레스는 벗어날 수도 없고, 벗어나야 하는 것도 아닙
니다."

제가 이렇게 대답한 이유는, 일반적인 관점에서 보는 스
트레스와 심리학의 관점에서 보는 스트레스에 약간의 차이가

있기 때문입니다. 일반적으로는 스트레스를 만병의 근원이자 일상의 해악으로 여기지만, 심리학에서는 스트레스를 단지 자극이나 긴장으로 정의합니다. 즉, 스트레스 자체는 죄가 없다는 것입니다. 그렇다면 과연 무엇이 문제일까요? 스트레스를 원인으로 하는 여러 가지 문제를 다루기 위해서는 스트레스에 대한 관점 변화가 우선시되어야 합니다. 우리가 평소에 스트레스에 부여하는 부정적인 의미들을 구분하는 것이 첫 번째입니다.

심리학에서는 스트레스를 크게 두 가지로 나눕니다. 고통을 주고 우울, 불안, 좌절감 같은 신체적 정신적 문제를 일으키는 디스트레스(Distress)와 적당한 긴장을 통해 생활에 활력을 불어넣고 창의력과 생산력을 높여주는 유스트레스(Eustress)입니다. 우리가 평상시에 말하는 스트레스는 디스트레스를 가리킵니다. 이 디스트레스는 벗어나야 하는 것이 아니라 관리해야 하는 대상입니다.

스트레스는 몸무게와 같습니다. 저체중 상태처럼 스트레스가 너무 없는 상태에서는 오히려 활력이 떨어지고 무기력해지며 삶의 동기도 저하됩니다. 반대로 과체중 상태처럼 스트레스가 너무 많으면 항상 긴장한 상태로, 불안감을 느끼며, 불면증과 같은 증상을 보이기도 합니다. 따라서 스트레스는 적정 체중처럼 어느 정도 삶에 활력을 불어넣으며 생산적으로 나를 움직이는 동력이 될 수 있도록 관리해야 하는 대상인 것입니다.

결론적으로 스트레스에서 벗어난다는 말은 사실 스트레스를 적정 수준으로 관리한다는 말이 됩니다. 우리는 스트레스를 인정하고 삶의 동반자로 받아들여야 합니다. 이 새로운 관점으로 스트레스를 바라볼 때 올바른 스트레스 관리를 시작할 수 있습니다.

20세기의 전통적인 심리치료 현장에서는 고통을 다루고 이겨내는 것을 목표로 했습니다. 그렇지만 21세기 심리치료 트렌드를 주도하고 있는 수용-전념치료(ACT)에서는 심리적 고통을 정상적인 현상으로 정의하는 동시에, 고통이 일어나는 과정을 바라보고 수용하는 것을 목표로 합니다. 우리가 고통을 이겨내는 것보다 수용하는 것이 건강한 삶을 영위하는 데 더욱 도움이 된다는 것을 밝혀냈기 때문입니다.

스트레스는 죄가 없습니다. 우리에게 스트레스를 바라보는 편향된 관점이 있는 것뿐입니다. 보다 폭넓고 유연한 관점으로 스트레스를 적당히 관리하게 되면, 스트레스는 삶에 활력과 에너지를 불어넣어주는 고마운 디딤돌이 되어줄 것입니다.

'완벽한 나'에서
'솔직한 나'로

완벽한 사람이 아닌 솔직한 사람이 돼라.

_ 앤드류 매튜스

저는 대학교 시절 완벽주의가 심했습니다. 완벽주의를 철저히 지키며 살았기 때문에 주변에서 '모범생이다', '완벽하다'와 같은 소리를 종종 들었습니다. 처음에는 그것이 추진력을 발휘할 수 있는 큰 동기가 되었습니다. 공부도 열심히 하게 되고 취미활동에도 적극적이었죠. 조금이라도 부족한 점이 있으면 바로 보완하려고 노력했습니다. 모두 완벽한 나 자신이 되기 위한 열정과 노력이라고 믿어 의심치 않았습니다. 그런데 어느 순간부터 이 완벽함이라는 기준이 저를 옥죄기 시작한 것입니다.

점심시간에 항상 친구들과 밥을 먹었는데, 친구들이 모두 일정이 있어서 함께 밥을 먹을 사람이 없는 날이 있었습니다. 이런 경우에는 보통 혼자서 간단히 끼니를 때우면 될 일이지만, 완벽주의가 심했던 저는 그것이 쉽지 않았습니다. 누군가가 혼자 밥을 먹는 제 모습을 보는 것이 완벽하지 않다고 생각했기 때문입니다. 그래서 식사를 거른 채 도서관에 가 있거나, 긴 시간 혼자서 산책을 하기도 했습니다.

시간이 꽤 걸렸지만 나중에는 완벽주의에 잘 대처할 수 있었습니다. 세상 사람들은 생각보다 나에게 관심이 없다는 것을 인정하기 위해 쿵쾅거리는 심장을 부여잡고 극장에서 혼자 눈치를 보며 영화를 본 것이 아직도 생생히 기억납니다. 그 뒤로 완벽주의를 인정하고 깊이 공부하여 저와 같이 완벽주의로 고통받는 사람들을 대상으로 하는 치료 프로그램을 진행하고 연구 결과를 논문으로 발표하기도 했습니다.

완벽주의자들과 대화를 나누면서 발견한 공통점이 하나

있습니다. 그것은 바로 양보와 희생이 몸에 배어 있다는 것입니다. 사회적인 시선에 따르면 양보와 희생은 훌륭하다고 칭찬받고 권장되는 미덕이지만, 내가 자발적으로 누군가를 위하는 마음에서 실천하는 것이 아니라 남들이 보기에 완벽해 보이기 위해 실천하는 것이라면 또 하나의 힘든 과제일 뿐입니다. 완벽주의자들에게 양보와 희생은 자기 자신에게 상처를 내는 일이었습니다. 자기 자신을 지키지 못하면서 억지로 하는 양보와 희생은 결국 염증처럼 곪아서 터지게 되어 있습니다. 그래서 무엇보다 자신의 생각과 감정에 솔직한 것이 중요합니다.

우리가 무리하게 양보하고 희생하는 이유는 거절했을 때 미움받을 용기가 부족하기 때문입니다. 그래서 무례를 범하지 않으면서 진실한 마음을 드러내 보이는 요령이 필요합니다. 실제로 뛰어난 성취를 이뤄내는 사람들이 공통적으로 보이는 성공 요인이 있는데 바로 '예의를 갖춘 솔직함'입니다. 자신에게 무리가 되거나 역량이 부족하다고 판단되는 일을 정중히 거절한 것이 오히려 상대방에게 신뢰감을 주었던 것입니다.

적절한 양보와 희생은 관계의 질을 향상시키지만 무리한 양보와 희생은 자기 자신을 지치게 만듭니다. 그러니 완벽한 사람이 되기보다 솔직한 사람이 되기 위해 노력해봅시다. 세상에 완벽한 사람은 그 어디에도 없고, 오직 완벽해지려고 노력하는 사람만 있다고 합니다. 우리가 솔직해지려고 노력한다면 치우친 관계가 점점 균형 잡힌 관계로 개선될 것입니다. 그리고 그 균형은 삶을 건강하게 만들어줄 것입니다.

물음표를 잊지 않는 삶에 대하여

어린이들은 물음표로 입학하여 마침표로 졸업한다.

_ 닐 포스트만

닐 포스트만은 인본주의자로서 기술 발전에는 제한이 있고 그 것이 인간의 가치를 대신할 수 없다고 생각했습니다. 그러나 현대사회는 기술의 발전에 인간을 맞추어 모든 물음표를 마침 표로 전환시키고자 노력하고 있습니다. 우리의 삶도 이런 사 회문화에 큰 영향을 받아왔으며, 어린 시절 가졌던 수많은 물 음표가 성인이 된 이후에는 나름의 결론으로 매듭지어져 사라 졌습니다. 덕분에 인류는 삶에 안정감을 얻었지만 동시에 지 루함도 얻었습니다.

현대사회는 첨단 과학으로 가늠할 수 없는 미래를 그려 나가고 있지만, 가까이서 들여다본 인간은 그저 변화되는 세상의 부품으로써 매일 똑같은 일을 하게 될지도 모릅니다. 만약 자신의 삶이 안정을 넘어 정체되어 있다고 느낀다면, 오늘 하루를 지내면서 몇 개의 물음표가 있었는지 돌아봐야 합니다. 삶에 새로운 질문이 없다면 새로운 답도 필요 없기 때문입니다.

긍정적인 삶의 변화에는 반드시 물음표가 따라옵니다. 그리고 물음표를 통해 조금 더 높은 목표와 가치관을 정립하고 자신의 잠재력을 깨우칠 수 있게 됩니다. 삶에 자극을 주기 위해서는 가장 먼저 이분법적 사고에서 벗어나야 합니다. 경제학자이자 철학자였던 케네스 볼딩은 이런 명언을 남겼습니다. '세상에는 두 가지 유형의 사람이 있다. 모든 것을 둘로 나누는 사람과 그렇지 않은 사람이다.' 우리는 삶에 물음표를 던지기 위해 '예' 또는 '아니오'라는 답안에서 벗어나야 합니다.

상담이나 코칭에서 저는 '잘 모르겠다'라는 답을 존중합니다. 대다수 내담자는 조금 더 생각할 시간을 주면 한쪽의 의견을 도출해냅니다. 그러나 진지하게 생각해보는 과정을 거쳤음에도 여전히 확실하지 않은 답변을 내놓는다면 그것을 인정합니다. 반드시 모든 질문에 YES or NO의 선택지를 강요할 필요는 없습니다. 이 세상의 많은 것이 정답이 아니라 해답으로부터 시작되었기 때문입니다.

삶의 가치관, 관계, 철학, 비전과 같은 굵직한 대상을 향해 질문을 던져봅시다. 그리고 정답의 마침표가 아니라 해답의 느낌표로 끝을 내봅시다. 안정적인 삶에 끊임없이 질문을 던지면서 새로운 길을 개척해가는 것입니다. 거기에 열정을 쏟고 새로운 행동력으로 나아가면, 위대한 변화를 맞닥뜨려 감탄하게 될 것입니다.

물음표로 시작하여 느낌표로 끝나는 것을 인터러뱅(Interrobang)이라고 합니다. 물음표와 느낌표가 포개지는 형태로 표현되는 인터러뱅은, 끊임없이 물음표를 던져서 어느 순간 깨달음에 닿는 순간을 의미하는 문장부호입니다. 스티브

잡스, 일론 머스크, 마크 저커버그와 같은 사람들이 바로 인터러뱅의 대명사입니다. 첫 시작은 작은 물음표에서 비롯한다는 것을, 또 자극이 삶을 변화시키기 위해서는 느낌표로 마무리해야 한다는 것을 기억해야 합니다. 지금 자신에게 던질 수 있는 질문은 무엇이 있나요? 내 삶에 대한 물음표를 잊지 않고 살아간다면, 분명 자신만의 느낌표를 얻을 수 있을 것입니다.

이 책의 제목에는 마포 브랜드 서체에서 배포한 'Mapo꽃섬'체를 사용하였습니다.

내 인생에 힘이 되어준
따뜻한 말

초판 발행   2024년 8월 20일

지은이   이선경
펴낸곳   다른상상
등록번호   제399-2018-000014호
전화   02)3661-5964
팩스   02)6008-5964
전자우편   darunsangsang@naver.com

ISBN   979-11-93808-11-5 (03190)

이 책은 『듣고 싶은 한마디 힘이 되는 말』의 개정판입니다.

잘못된 책은 바꿔 드립니다.
책값은 뒤표지에 있습니다.

독자 여러분의 책에 관한 아이디어나 원고 투고를 설레는 마음으로 기다리고 있습니다.
이메일로 간단한 개요와 취지, 연락처를 보내주세요. 독자님과 함께하겠습니다.